莎剧的"黑"历史

莎士比亚戏剧的"原型故事"之旅

傅光明◎著

中国出版集团
东方出版中心

图书在版编目（CIP）数据

莎剧的黑历史：莎士比亚戏剧的"原型故事"之旅 / 傅光明著. — 上海：东方出版中心，2019.4
　　ISBN 978-7-5473-1426-5

Ⅰ.①莎… Ⅱ.①傅… Ⅲ.①莎士比亚(Shakespeare, William 1564-1616)–戏剧文学评论 Ⅳ.①I561.073

中国版本图书馆CIP数据核字(2019)第040967号

莎剧的黑历史：莎士比亚戏剧的"原型故事"之旅

出版发行：东方出版中心
地　　址：上海市仙霞路345号
电　　话：(021)62417400
邮政编码：200336
经　　销：全国新华书店
印　　刷：山东鸿君杰文化发展有限公司
开　　本：890mm×1240mm 1/32
字　　数：114千字
印　　张：6.5
版　　次：2019年4月第1版第1次印刷
ISBN 978-7-5473-1426-5
定　　价：45.00元

版权所有，侵权必究

目 录

莎剧的黑历史——莎士比亚戏剧的"原型故事"之旅(代序) 熊辉·1

一 《罗密欧与朱丽叶》:
　　永恒之爱从何而来?·1

二 《威尼斯商人》:
　　"一磅肉的故事"和"择匣选婿"·27

三 《仲夏夜之梦》:
　　一部"原创"的梦幻剧?·41

四 《皆大欢喜》:
　　"加米林的故事"和洛奇的《罗莎琳德》·69

五 《第十二夜》:
　　《欺骗》与里奇"西拉的故事"·85

六 《哈姆雷特》:
　　"阿姆雷特"如何变成"哈姆雷特"?·95

七 《奥赛罗》:
　　从"摩尔上尉"到"摩尔将军"·107

八 《李尔王》:
　　新旧"李尔"孰优孰劣?·127

九 《麦克白》:
　　"麦克白故事"与"三女巫"·169

参考文献·185

莎士比亚致中国北京文青的一封信(代后记)·188

莎剧的黑历史
——莎士比亚戏剧的"原型故事"之旅（代序）

熊 辉

2017年10月，傅光明先生新著《天地一莎翁：莎士比亚的戏剧世界》（天津人民出版社）问世，我因从事相关教学和研究的缘故，遂仔细阅读此书，并作了详尽记录，整理成一篇书评《莎剧的版本考证、故事溯源及文本新读》。怀着忐忑的心情，我将文稿发送给傅先生，不想他很认同这篇"阅读笔记"。我自知不是文章写得好，而是傅先生包容的个性使然。因为在我印象中，他从不直接否定别人的观点，尤喜鼓励和褒扬年轻人。

所写书评涉及对莎剧故事资源的论述，估计比较符合傅先生的写作初衷，所以，当他要出版《莎剧的黑历史——莎士比亚戏剧的"原型故事"之旅》一书时，竟然让我作序。我当即愕然，以不容商量的语气加以回绝。原因很简单，根据学术界"行规"，一般是后生晚辈出版专著时请前辈学人作序，由此增加影响力或抬升"江湖地位"，几乎没见过一个前辈学人邀请"后来者"写序的先例。更何况，在平时的交往中，我都称傅先生为"傅老师"（以下还称老师），替他作品写序的重任岂敢轻易接受。

在邀请与推辞的拉锯战中，傅老师坚持己见，把整理好的书稿发给我，后记也提前完工，并在来信中说万事俱备，只欠"熊序"。无奈之下，准确地说，应该是感动之余，我接受了这个"任务"。我知道，傅老师让我作序，一定包含着对我学术上的某种肯定或期望，我当然不能刻意回避他的良苦用心，正所谓"恭敬不如从命"。接下这桩"美差"之后，在重庆阴冷又多雾的冬季，面对繁忙而无序的日常，我内心的行动力却倍增。

一

倘若不计较年龄、学术实力和学界声望等因素，我倒是觉得可以给傅老师的大作写序，毕竟我对他的为人为学颇为了解。

我和傅老师相识于2009年初夏，那时他来西南大学主持学位论文答辩。梅雨时节，重庆难得的晴朗使空气显得格外清新怡人，工作之余，我们一起到运动场打篮球，或坐在小菜馆里聊天，彼此感觉很投缘。我后来到中国社会科学院跟张中良老师做博士后研究，傅老师作为评审专家参加了我的出站答辩，他"平视"的眼光让我感到轻松，有启发性的提问令我获益匪浅。2014年，我被遴选为中国现代文学馆客座研究员，去北京的次数增多了，和傅老师的接触更加频繁。

记得有一年秋天，我去参加中国人民大学举办的"翻译与20世纪中国文学"学术研讨会，其间，去拜见傅老师，他竟骑着单车拉载我去芍药居附近吃饭。清瘦的傅老师用自行车驮着我这个年轻人，无论从年龄还是体重上看，那画面均呈现出不协调的颠倒感。但每每回想起这个镜头，我就觉得北京是座温暖的城市，而这恰好是我定格傅老师形象的清晰影像：生活简单朴实，性格自然随和，待人真诚直率。

傅老师是老舍研究专家，出版过小说、散文和传记文学20多部，主编及编选现代作家作品上百种，此外还翻译了凌叔华英文自传体小说《古韵》等7部作品，加上是现代文学研究权威期刊的执行主编，真正称得上名满学界。我佩服他在编刊、创作、研究之余，还能静心从事枯燥的翻译工作，在物质利益和虚妄浮名充斥的滚滚红尘中，还能坚守文化人的本分，将所有时间和精力灌注到文学事业中。

当然，从个人角度讲，我对傅老师的好感来自他首次在《中国现代文学研究丛刊》上发表了我的论文。作为学术界无名小卒的"外省人"，我的论文要从海量的稿源中脱颖而出确实不易。每每提及此事，傅老师总淡淡地说，要给年轻人机会，而且你的文章写得有价值。我理解傅老师的想法，他不想我背上人情债，希望我做一个踏实有实力的研究者，淡化个人付出与鼓励年轻人的用心由此可见一斑。实际上，傅老师眼中根本不存在所谓的关系稿，他常跟我说，编辑是在做成人之美的事，只要你的文章写得足够扎实，编辑部就乐意录用；反之，如果文章质量平平，再好的私交也枉然。他的话对我触动很大，对我的研究态度和论文写作起到了莫大的鞭策作用，直到今天，我给刊物投稿时，总要掂一下自己文章的分量，更不会随意给熟悉的编辑投稿。

我们见面除了聊学术，也谈各自的生存处境，交流现实生活的各种体验。身在京城，处"庙堂"之高，傅老师也有难言的烦忧和苦恼。读他的某些著作，其内心的创痛和不安虽不溢于言表，却也并非无迹可寻。比如《书信世界里的赵清阁与老舍》一书，在和美国友人韩秀的通信中，透露出傅老师生活的些许失意与淡然。他的心态能早早地平和下来，曾所经受的煎熬和隐忍是旁人无法理解的。年过不惑之后，我终于参透了傅老师当年的心思：那些无视个体生命的行为，以及漠视个人正常诉求的傲慢姿态，是对人基本尊严的扼杀；而傅老师是一个有高度人文情怀的学者，他眼中最忌惮的就是对人之尊严的践踏，如若屡屡面对此等事件，他怎能不心生失落感呢？这是人之良知的体现，不关乎个人得失。

我和傅老师有年龄和学识上的差距，但能成为知交，其实想起来，是我们的性格有许多相似之处。我们都渴望在一个平静而公正的环境中生活，却也放不下自己的兴趣爱好，唯有双手紧握"志业"才能平复内心的波动。而正是这种心理，可能会被人误以为有积极入世的仕途执念，因此难免招来非议。同时，我们都有一颗仁慈之心，对待周边的人事常能站在他人立场上三思，但有人不以为然，认定这是你个性的"软弱"，容易被说服或改变自我立场。于是，形形色色的人和难以处理的事接踵而至，心中时常有无法平复的矛盾纠葛。

如果一个人用明澈的眼睛观察世界，用赤子之心对待世界，那他一定也希望世界以相同的方式回报他；如若不然，那他内心的痛苦和失落就会加深。时间长了，我们的正常需求就会被外界漠视，自我内心的憋屈感就会日趋强烈。也许有人会将此心情理解成郁郁不得志，但其实是对生活的失望之情，与个人事业或仕途成败难以并置而论，就像存在主义者体认到虚无一样，折射出的只是一种普遍而悲情的生命认知。

好在严冬不会一直封锁大地，在认清生活及周遭人事的本来面目之后，傅老师反而释然了。能让我们安身立命的终究不是外在的荣光，而是如何拥有诗意的充实生活，如何在有生之年做自己认定有意义的事情。机缘巧合，正当傅老师在现代文学的花园里收获了沉甸甸的果实之际，或偶尔被外在世界的"无情"干扰了恬淡之心后，他走上了重译莎士比亚戏剧的道路。面对如此浩大的工程，傅老师顿觉此生漫长而短暂，在对莎翁深奥精神和艺术的不断理解中，他的人生观和价值观变得愈加内敛丰盈。

2014年秋天，我获得富布莱特项目资助，前往美国康奈尔大学访学，临行前去拜访傅老师，只见他办公室堆满了各种版本的莎士比亚全集，很多英文版我从未见闻过。他若有所思地告诉我，自己正在做一件足以耗费一生精力的事，那就是重译莎翁全集。我听后感到很惊讶，估计傅老师也不清楚他的选择究竟会将他个人的志趣引向何处，因为在中国莎士比亚的译介历程中，仅凭一己之力翻译完全部莎剧者，至今唯梁实秋一人，他的翻译跨越了三十多年的时间，直到晚年才在台湾完成夙愿。朱生豪在战乱中辗转流徙，翻译宏愿未达却英年早逝，其他莎译名家还有曹未风、孙大雨、方平等，他们将有生之年全部投入到翻译中，译本虽各有特色，但不足之处也比比皆是。

不过，"文变染乎世情"，正如艾略特（T. S. Eliot）在《庞德诗选》（*Selected Poems of Ezra Pound*）的序言中说："一代自有一代之翻译。"随着文学表达和审美风气的变化，莎翁作品在新的语境下也有"重译"的必要性。我们都知道，莎剧在现代时期有多种文体的多种译本，20世纪中后期以来，却鲜有人再重拾翻译莎剧的苦差。正是从这个意义上讲，傅老师的决定是有价值的，他把重译莎剧的历史重任扛在自己肩上，这需要才气，更需要勇气，我只能对他肃然起敬，对他翻译的莎剧文本充满期待。日后，在中国莎剧译介历史中，除了朱译本、梁译本等之外，还应有傅译本，且后者一定更符合21世纪以来读者的阅读习惯。同时，因借鉴和吸纳了多个英文版本和中文译本的优点，加上傅老师洗练的文笔，傅译本也必将成为权威的译本。

景色怡人的秋天过于短暂，大雪与雾霾在冬天不期而至，沙尘暴与温润的南风相伴，待到枝头变绿时，北京便进入了酷暑时节。这几年，傅老师对四季轮回的脚步浑然不觉，他坐在狭小的办公室里，翻译成了他生活的主要内容，其心思徜徉在伊丽莎白时代的英国和欧洲各地，他独自一人漫步在莎剧的广阔天地中。英汉之间词义的甄别，鉴定已有版本的优劣，寻找符合原文风格而又被当下读者接受的最佳表达，查阅各种资料等等，这些构成了傅老师的时间链条。

二

在读到傅老师翻译的莎剧之前，我有幸先读了他的莎研专著《天地—莎翁：莎士比亚的戏剧世界》。读罢这本具有学理性和文学性的莎学新成果，我对莎剧的故事原型、传播接受历程，以及莎翁在剧中的艺术创造力等，有了充分的了解。我们在通信中谈到莎剧中的"原型故事"，傅老师说他正有心将他专门论述莎剧素材源流的文字整理成单行本。根据多年来的研究体会和国内莎学界对莎士比亚创作能力莫衷一是的评价现状，以及在引导学生阅读《罗密欧与朱丽叶》的过程中所感受到的资料缺失，我觉得傅老师如能出版这样一本有关莎剧故事来源的书，对中国莎学和广大读者而言，其价值也许不会低于重译一部莎剧。

莎士比亚借鉴欧洲各国既有故事进行创作的现象，并非莎研的新鲜话题，但国内却没人专门对此加以考察，致使读者无法看清莎剧故事主题的历史面貌，也无法完整把握莎翁的戏剧创作资源，这不能不说是中国莎学界的缺憾。在如此学术背景之下，傅老师这本《莎剧的黑历史——莎士比亚戏剧的"原型故事"之旅》，从故事主题、人物形象、情节构思以及语言方式等方面出发，详细梳理了莎士比亚在创作过程中所受到的各种影响，既是对莎剧原型故事的溯源，也是对莎翁创作资源的钩沉，具有十分重要的文学价值、文献价值和学术意义。

毋庸置疑，莎士比亚在英国文学史乃至世界文学史上享有崇高地位。但莎翁在创作中借鉴他人作品或民间传说的例子不胜枚举，甚至可以极端地说，没有借鉴或模仿，就不会有我们今天看到的经典剧作家莎士比亚。傅老师曾对莎士比亚戏剧作过如下论断："莎士比亚从不原创剧本，而总是取材自古老的故事。"并因此认定："莎士比亚绝不是一个原创性的戏剧诗人，而是一个天才编剧。"在傅老师眼里，尽管莎士比亚所有的创作都借鉴了别人的作品，但他仍然是一位有非凡创造力的作家。傅老师对莎士比亚戏剧背后的"原型故事"之打捞与整理，足以见出莎剧自身丰厚的历史谱系，而对莎翁的伟大形象丝毫无损。

《莎剧的黑历史——莎士比亚戏剧的"原型故事"之旅》一书详细梳理出了莎士比亚戏剧的故事来源，为中国读者了解莎剧创作的复杂背景及资源提供了清晰图景。下面以《罗密欧与朱丽叶》为例略加说明：罗密欧与朱丽叶的爱情悲剧并不发生在意大利的维罗纳，这牵涉到对故事历史的溯源，故事的"旅行"以及故事如何逐渐成熟圆全，最后在莎翁笔下臻于完善，傅老师于是考证出与莎剧《罗密欧与朱丽叶》相关的七种历史文本：一是古希腊时期以弗所的色诺芬（Xenophon）撰写的《以弗所传奇》故事集，首次讲述了服用安眠魔药来逃避婚姻的故事；二是意大利那不勒斯诗人萨勒尼塔诺（Masuccio Salernitano）第二部《故事集》的第33个故事《马里奥托与尼亚诺扎》，讲述了发生在锡耶纳城的爱情悲剧；三是意大利作家波尔托（Luigi da Porto）的小说《最新发现的两位高尚情人的故事》，在萨勒尼塔诺的故事基础上，增加了男女主角之间的家族世仇；四是意大利作家班戴洛（Matteo Bandello）的《短篇小说集》收入了《罗梅乌斯与茱莉塔》，出现了"奶妈"和"修道士"这两个鲜活的人物形象，增加了女主角房屋窗口的阳台和绳梯；五是法国作家鲍埃斯杜（Pierre Boaistuau）翻译了班戴洛小说集中的六篇，结集为《悲剧故事集》，其中第三篇即是罗密欧与朱丽叶的故事；六是英国诗人布鲁克（Arthur Brooke）的叙事长诗《罗梅乌斯与朱丽叶的悲剧史》；七是英国作家佩因特（William Painter）将鲍埃斯杜的法文本直译为散文《罗密欧与朱丽叶》。此外，《罗密欧与朱丽叶》同古罗马诗人奥维德（Publius Ovidius Naso）的《变形记》和古罗马悲剧作家阿普列乌斯（Lucius Apuleius）的《变形记》存在精神上的承继关系。

　　莎士比亚的"原型"故事在不断地改编、翻译和传播中变得越来越丰满，莎剧集聚了各文本之长，再加上作者天才般的创造力，才成就了莎剧的经典与不朽。显而易见，厘清莎剧故事来源，固然有助于读者理解莎士比亚及其戏剧，但傅老师出版此书更重要的目的，却是探求莎剧对这些故事传说或已有文本的超越，凸显莎士比亚伟大的艺术才能。

在考证出罗密欧与朱丽叶爱情故事相关的七个文本之后，傅老师通过文本细读和比较，进一步显示出莎翁戏剧如何高明。傅老师指出，就英国范围内而言，布鲁克的长诗《罗梅乌斯与朱丽叶的悲剧史》是莎剧《罗密欧与朱丽叶》的重要来源之一，但两部作品的"精神内核"截然不同：第一，布鲁克诗歌中的故事持续了九个月，两人至少有两个月处于蜜月期；而莎士比亚将故事浓缩在五天之内，两人作为夫妻只有一晚的欢愉时光。这种改变符合戏剧的舞台演出特点，剧情由此变得紧凑，戏剧冲突和悲剧色彩倍增；如若持续的时间过长，震撼的悲剧性审美效果就会降低。第二，莎士比亚在剧中创造了几个具有艺术表现力的场景，比如二人幽会的阳台、诀别的黎明等。第三，在对待这对青年男女的态度上，二者有霄壤之别：布鲁克给长诗所做的前言充满了说教的意味，认为罗密欧与朱丽叶是一对"坏情人"，他们背弃良言，沦为欲望的囚徒，酿成无可挽回的悲剧；而在莎翁笔下，两人则是真爱的守护者，用纯真的爱化解了家族世仇。此外，莎士比亚在剧中给让罗密欧痛苦不已的恋人加上了"罗瑟琳"的名字，生动地刻画出世故而又卑微的奶妈形象等；在创作体式上，莎士比亚不像创作《阿德丽安娜》的意大利盲诗人格劳托（Groto）那样，用素体诗去讲述罗密欧与朱丽叶的爱情悲剧，而是采用有韵的诗体，从而使浪漫的抒情笔调与唯美的爱情故事和谐交融，让读者有怦然心动的感觉。

傅老师还指出，莎士比亚在戏剧中采用了四种传统的抒情模式：第一种是十四行体；第二种是独白吟咏式的"小夜曲"，比如表现朱丽叶等待新婚之夜的焦急心情时的文字；第三种是中世纪的"晨歌"，比如表现罗密欧与朱丽叶新婚之夜后在寝室依依话别的文字；第四种则是"挽歌"，比如表现帕里斯到墓地哀悼朱丽叶的文字。如此种种，无不体现出莎士比亚的创作天赋。

限于篇幅,无法逐一述说,总之,若莎剧中根本没有原创元素,那莎士比亚也就不成其为莎士比亚。简言之,以《李尔王》为例,剧中的"暴风雨"便是莎士比亚的原创,因为之前那部旧戏《李尔王及其三个女儿的真实编年史》中没有这样的场景设置。在傅老师看来,莎剧中的"暴风雨"既是自然界的暴风雨,也是李尔王内心情感的暴风雨,它是剧中不可或缺的重头戏。为此,傅老师举出英国莎学专家奈特(G. Wilson Knight)名著《莎士比亚的暴风雨》中的观点,认为《李尔王》中的暴风雨就是戏剧全部冲突的显现,也即是整个戏剧本身;同时,又举出诗人科德维尔(Christopher Caudwell)在《幻象与现实》一书中的观点,认为暴风雨只是一个隐喻,即上天并非冷酷无情,而只是像一个暴怒的人在毫无理智地行事;还列举了莎学专家布拉德雷(A. C. Bradley)在《莎士比亚悲剧》中的观点,认为《李尔王》中的高纳里尔、里根和埃德蒙的罪恶行径是引发暴风雨的主要根源,它使悲悯和恐惧达到了极致,李尔王在艺术的演绎中获得永生。

那些在欧洲大陆或海岛上流传的故事,不过是所有作家的创作材料,只有当它们被莎士比亚的艺术匠心打磨之后,被他的才华和天赋浸染之后,才会化为人类历史上不朽的经典名作。故而从某种程度上讲,与其说是这些原型故事成就了莎剧,毋宁说是莎剧让这些久远的故事获得了"当下"的生命力,以至于我们今天还能通过莎剧记住它们。

《莎剧的黑历史——莎士比亚戏剧的"原型故事"之旅》的出版,让莎剧中的"原型"故事在遥远的东方拓展了生存空间,延续了艺术生命。倘若莎翁地下有灵,定会感谢傅老师的辛苦付出;倘若读者有意,定会喜欢这样一本故事性超强、读来趣味横生的学术著作。

2018年2月5日于西南大学中国新诗研究所

一

《罗密欧与朱丽叶》：永恒之爱从何而来？

1. 一座历史古城与一段永恒爱情

莎士比亚让剧情说明人在《罗密欧与朱丽叶》正剧开场之前说的全剧第一句话是："故事发生在如诗如画的维罗纳。"

维罗纳（Verona）被誉为意大利最古老、最美丽和最荣耀的城市之一，其拉丁语的意思是"高雅的城市"，2000年入选联合国教科文组织的世界遗产名录。与意大利遍布全国的众多古城一样，维罗纳历史悠久，在公元前1世纪已是古罗马帝国的一个重要军事要地，城中现存的古罗马建筑大多建于此时。今天维罗纳城中心交通干道的格局，依然保持着古罗马时代的网状结构，而罗马时代的三条主要大道：奥古斯都大道、高卢大道以及波斯图米亚大道都要经过维罗纳。维罗纳也因此被视为意大利第二大的古罗马城市，素有"小罗马"之称。城内至今依然保存着许多从古代、中世纪直到文艺复兴时期的建筑，如著名的阿莱纳（Arena）圆形竞技场、罗马剧场、一座完好的斗兽场、三座哥特式大钟楼、五十多座风格不同的教堂、数十座城堡，等等。在往昔漫长的历史岁月中，这座古城遭逢过许许多多战乱和数不尽的爱恨情仇。

然而，所有这一切似乎都抵不过一部戏剧的神奇魔力和永恒魅力，那就是莎士比亚在16世纪末创作的经典爱情悲剧《罗密欧与朱丽叶》。尽管莎士比亚还有一部以维罗纳为故事背景的戏剧《维罗纳二绅士》，但使维罗纳成为风靡全球的"爱情圣地"、"浪漫之城"，仅仅因为这里是莎士比亚笔下罗密欧与朱丽叶的"文学故乡"。戏中罗密欧对朱丽叶的"阳台求爱"一场戏，尤其令无数渴望爱情恒久的青年男女刻骨铭心，也因此，现在维罗纳城内的朱丽叶故居及阳台，每年都能吸引数以百万计的游客前来膜拜。

虽然总有维罗纳人不厌其烦地向蜂拥而至的爱情朝圣者解释，罗密欧与朱丽叶这一对为爱殉死的情侣的悲剧故事，其源头的最早版本是发生在锡耶纳，不是维罗纳，实际上也不存在一个真实的"朱丽叶阳台"。可有什么能阻挡人们对真挚、忠贞爱情的仰慕和向往？无论是否出于旅游目的，维罗纳人还是把位于市中心"芳草广场"（Piazza delle Erbe，也叫"埃尔贝广场"）不远的卡佩罗路（Via Cappello）23号一座典型中世纪院落里的一幢13世纪罗马式两层小楼，按图索骥成"文学"的朱丽叶故居（Casa di Giulietta），并在后院建起一座"文学阳台"——罗密欧与朱丽叶幽会、倾吐爱慕、立下婚誓的地方，阳台右下前方树立着一尊真人大小的朱丽叶青铜雕像，深情款款略带哀怨忧伤地凝望远方，似乎仍在期待爱人罗密欧的翩然降临。

在莎士比亚写《罗密欧与朱丽叶》之前，关于这对情人为爱殉情的悲剧故事已流传了几个世纪，到今天，它是否真实变得不再重要，因为人们宁愿相信它的确真实存在过。不过，更重要的也许是，人们在自己的情感世界中早已因莎士比亚的这一部戏剧，把维罗纳这座"如诗如画"的古城视为具有浓郁宗教感的爱情圣地，或者说，人们渴望着有朝一日去维罗纳，觉得只有到了那里，才可以真正体会像宗教一样神圣的爱情。因此，每年都有无数的情人来到这里举行婚礼，使维罗纳位列"世界十大婚礼城市"。

长久以来，来这里的人们，主要是年轻人，比起城中诸多的罗马古迹，对他们更具吸引力的是朱丽叶故居。他们会自然而然、顺理成章地做这样三件事：

第一，独自或与情人一起站到大理石的"朱丽叶阳台"上，凭想象或用亲吻感受、体验爱情的神奇、美妙、忠贞、伟大。因为，莎士比亚让罗密欧攀上阳台这一行为本身，一是要以此体现浪漫气质与征服意志的骑士精神,二是要以此表现朱丽叶在罗密欧心目中高高在上的神圣地位,对于罗密欧,只有攀上这座阳台,才能与理想的情人共享纯真、圣洁的爱情;对于朱丽叶,也只有这个窥探到她心底秘密、攀上阳台的男人,才是命中注定的爱人。一座小小的古旧阳台,无形中承载起爱情的命运,直到世界上不再有爱情。

第二,触摸亭亭玉立的朱丽叶铜像的右侧乳房,以祈祷、保佑爱情的美好、长久。朱丽叶身着轻盈的长裙,左手轻握,自然弯曲,搭在左胸的上方,右手下垂,微微提起裙边,姿态端庄。不知从何时,开始流传这样一个说法:触摸"情圣"朱丽叶铜像的右手臂和右乳房,会给热恋中的情侣带来美好、长久的爱情。于是,来自世界各地的游人、访客,会络绎不绝地满怀虔敬,一手轻挽朱丽叶的右臂,一手轻触朱丽叶的右乳,留下美好记忆的同时,也期待自己的爱情生活幸福、圆满。现在,朱丽叶铜像的右手小臂、右侧乳房已被无数痴情的"粉丝们"触摸得铜光闪闪。

第三,把写满祝福美好爱情话语和誓言的纸条(据说情侣们喜欢用糖纸),粘贴在朱丽叶故居的墙壁上(据说青年男女喜欢用口香糖来粘贴)。于是,五颜六色、大小不一的爱情纸片为朱丽叶故居院落的四面墙壁增添了无数的爱情"补丁",再加上许多游客在墙上信笔涂鸦的各种语言的签名,或绘制的心形图案,或言简意赅的爱情祝福、山盟海誓,陈旧灰暗的墙壁被"爱情"装点得色彩斑斓。

另外,位于阿迪杰(Adige)河畔庞特尔大道(Via del Ponitiere)的科尔索修道院(Francesco al Corso),虽比故居冷清许多,却也是维罗纳的一处热点景致。据人们在美好而悲情的想象中推测,劳伦斯修道士就是在这座修道院为罗密欧与朱丽叶秘密主持婚礼的,因此,每年也有许多情侣专程从世界各地赶到这里举行婚礼,以期像罗密欧与朱丽叶一样誓死相爱。在修道院地下单独格出的一间墓室内,陈放着一口有些残破的没有封盖的红色大理石棺。据说,朱丽叶死后即长眠于此。每年都有许多人来这里献花。墓室上面的楼层房间里的壁画、油画,描绘着这对殉情的爱侣升入天堂以后的幸福生活,寄托着人们对于他们的美好祝福。

除此,还有一件十分有趣的事:维罗纳每年都会收到五千封左右只在信封上注明"意大利维罗纳朱丽叶收"字样的来自世界各地写给朱丽叶的信。20世纪80年代初,维罗纳成立了一个由十余名志愿者组成的"朱丽叶俱乐部",专门负责替朱丽叶给那些渴望、守望和相信坚贞爱情的人们回信。由于几乎每一封来信起首的称呼都是"亲爱的朱丽叶",从1993年起,维罗纳市文化局和"朱丽叶俱乐部"共同发起设立"亲爱的朱丽叶"最佳来信奖,并于每年的2月14日情人节举行颁奖典礼。

2. 罗密欧与朱丽叶的爱情故事真的在维罗纳发生过吗？

如果追本溯源，可以在公元 5 世纪以弗所人色诺芬（Xenophon of Ephesus）所写希腊传奇小说《以弗所传奇》（*Ephesiaca*）中找到罗密欧与朱丽叶的故事源头，它第一次写到以服用安眠魔药的方法逃避一桩不情愿的婚姻。1476 年，那不勒斯印行了意大利诗人马萨丘·萨勒尼塔诺（Masuccio Salernitano，1410—1475）的第二部《故事集》（*Novellino*），其中的第三十三个故事题为《马里奥托与尼亚诺扎》，将女主人公尼亚诺扎（Ciannozza）"疑似死亡的昏睡"及其"假戏真唱的葬礼"，同男主人公马里奥托（Mariotto）没能及时从修道士那里得到情人尚在人间的消息，糅合在一起，但叙事并未涉及两个结下世仇的家族。而且，故事的发生地在锡耶纳（Siena）。

这部《故事集》出版以后，有人开始以此为素材写小说。1530 年，维琴察（Vicenza）的作家路易奇·达·波尔托（Luigi da Porto, 1485—1530）在他的小说《最新发现的两位高尚情人的故事》（*Newly Found Story of Two Noble Lovers*）中，将故事背景设定在 13 世纪的维罗纳，第一次为这对情人取名罗梅乌斯（Romeus）与茱丽塔（Giulietta），并增加了对"维罗纳的蒙特基"（Montecchi of Verona）同"克雷莫纳的凯普莱特"（Cappelletti of Cremona）两个家族之间世仇的描写，还写到了西奥博尔多（Theobaldo）即提伯尔特（Tybalt）的原型被杀等其他重要细节。

1554 年，在意大利小说家马泰奥·班戴洛（Matteo Bandello, 1485—1561）那本著名的《短篇小说集》（*Novelle*）中，出现了以此为素材的小说《罗梅乌斯与茱丽塔》(Romeus and Giulietta),最主要的是增加了奶妈这个朴实、忠诚、诙谐有趣而又不失狡黠的人物形象。另外,窗口阳台的情景、绳梯的故事及后来约翰修道士的前身弗莱·安塞莫(Fra Anseimo)也都第一次出现。故事的结尾是:茱丽塔从坟墓中醒来与罗梅乌斯有一段简短的交谈。1559年,出生于南特(Nantes)的法国人文主义作家皮埃尔·鲍埃斯杜(Pierre Boaistuau, 1517—1566)从班戴洛这部小说集中选取了六篇带有警世诫勉意味的小说,翻译成法文,出版《悲剧故事集》(Histoires Tragiques)一书,其中第三篇是关于罗密欧与朱丽叶的故事。法译本除了增加卖药人这个角色,还把故事的结尾改为:罗密欧在朱丽叶醒来之前死去,朱丽叶用罗密欧的短刀自杀。

这篇鲍埃斯杜的法译小说成为1562年出版的英格兰诗人亚瑟·布鲁克(Arthur Brooke, ?—1563)叙事长诗《罗梅乌斯与朱丽叶的悲剧史》(The Tragical History of Romeus and Juliet)的直接来源,诗体以轮流使用十二音节一行与十四音节一行的形式写成。因布鲁克在序言中提到曾看过一部同样情节的舞台剧,便有人猜测莎士比亚是否看过这部旧戏,并进行了借鉴。如果这部旧戏是指1560年左右上演过的法语《罗密欧与朱丽叶》,于四年后出生的莎士比亚不可能看到;如果是指此前或曾有过一部未刊行过的英文本《罗密欧与朱丽叶》,则更不在考虑之列。1567年,威廉·佩因特(William Painter, 1540—1595)又根据鲍埃斯杜的故事,将其直译成散文《罗密欧与朱丽叶》,作为他那部著名的故事选集《快乐宫》(The Palace of Pleasure)中的第二卷第二十五篇故事出版。莎士比亚或许读过这篇故事,但并没有使用。

有趣的是,1594年,意大利作家科尔泰(Girolamo della Corte)出版《维罗纳的故事》(Storia di Verona)一书,认为罗密欧与朱丽叶相爱殉情的故事,是1303年发生在维罗纳的真人真事。但在此之前,从未有维罗纳这座城市的编年史作者提及此事。

作者在莎士比亚故居

3. 亚瑟·布鲁克的长篇叙事诗《罗梅乌斯与朱丽叶的悲剧史》

毫无疑问,亚瑟·布鲁克的这部长篇叙事诗是莎士比亚的《罗密欧与朱丽叶》(*Romeo and Juliet*)重要但并非唯一的来源。亚瑟·布鲁克是如何叙事的呢?我们似乎有必要先做个详细的了解。

布鲁克的"致读书"是一篇说教味十足的前言,在他眼里,罗梅乌斯和朱丽叶是一对"坏"情人的典范,他们不肯接受良言相劝,成为欲望的囚徒,最后导致悲剧发生。这当然并非诗歌本身所要传达的信息。

"故事摘要"是一首不规则的十四行诗。开篇对维罗纳有一番描述,然后布鲁克告知读者,将要叙述的这个悲惨故事令他感到毛发倒竖。在布鲁克笔下,凯普莱特(Capulets)与蒙塔古(Montagues)两家的怨恨纯粹出于彼此间的互相嫉妒。

罗梅乌斯深陷恋爱的痛苦,但布鲁克未提及其所恋情人的名字,"罗瑟琳"(Rosaline)这个名字是莎士比亚的发明。一位比罗梅乌斯年龄稍长、也更有头脑的朋友建议他另谋佳人。罗梅乌斯四处寻找,未果,心情一直郁闷。在凯普莱特家举办的圣诞晚会上,罗梅乌斯见到了朱丽叶,一见钟情,为之倾倒(提伯尔特没有出现,茂丘西奥似乎也只是毫不相关的另外一个人,他冰冷的手令朱丽叶对罗梅乌斯温暖的一握赞不绝口)。晚会结束,此时,朱丽叶发现自己爱上了罗梅乌斯。稍后,罗梅乌斯知道她是凯普莱特家族一家之主的女儿。朱丽叶也从奶妈嘴里得知,罗梅乌斯是蒙塔古家的人。她担心他是一个骗子,但很快从他诚实的外表,相信他对她的爱是出于真心,并希望他们俩人的婚姻能终结两个家族之间的争吵。

　　晚会后的早晨，罗梅乌斯见到立于窗口的朱丽叶，向她致意。之后一连两个星期，罗梅乌斯每天晚上都来到花园，驻足窗下，期待朱丽叶的出现。朱丽叶也一心牵挂着罗梅乌斯，怀疑他是不是死了。终于，她出现在窗口。她担心他的到来会招致杀身之祸，他回答宁愿为她去死。朱丽叶向罗梅乌斯坦承爱他，如果他肯娶她，她可以为他离家出走；但如果他是骗子，就请立刻离开。善良正直的罗梅乌斯高兴地答应娶她为妻，并说去向劳伦斯修士讨教，相约次日晚同一时间再见。

　　罗梅乌斯把一切向劳伦斯修士和盘托出，劳伦斯修士起初试图劝罗梅乌斯稍安勿躁，但他又马上答应为他俩主婚，因为他想借这桩婚姻来消除两家的仇怨。他说他需要一天的时间做计划。朱丽叶向奶妈吐露了心底的秘密，让奶妈做她的媒人，并承诺会重重酬谢。奶妈去见罗梅乌斯，罗梅乌斯将计划如实相告。闲谈中，奶妈说朱丽叶真是一位美若天仙的姑娘。罗梅乌斯给了奶妈六块钱，奶妈觉得他很慷慨。奶妈将好消息告诉朱丽叶，欢快地怂恿她找个理由，跟家人说要出去做忏悔。劳伦斯修士让奶妈和另一个女伴当观众，随即为罗梅乌斯和朱丽叶主婚。

　　罗梅乌斯让朱丽叶派奶妈为他准备好一个绳梯，当晚他要靠这个绳梯进入她的卧房尽享鱼水之欢。奶妈取来绳梯，两人焦急地等待着夜幕的降临。罗梅乌斯翻过花园围墙，爱人相会，彼此互诉衷肠。奶妈突然出现，告知如何行房事。春宵一刻，罗梅乌斯与朱丽叶沉浸在众神一样的幸福之中。连续一两个月，罗梅乌斯与朱丽叶夜夜相会，快乐无比。此时，作者提到命运女神的无常变幻，并告诉读者，罗梅乌斯和朱丽叶的欢乐将很快转化为灾难。

　　复活节后的一天，提伯尔特领着凯普莱特家的一帮人，与蒙塔古家的人交手打斗。罗梅乌斯出面调解，恳求提伯尔特帮他制止打斗，提伯尔特反而向他出手。罗梅乌斯杀了提伯尔特。于是朱丽叶哀悼提伯尔特的死，对着罗梅乌斯每晚爬进她房间的那扇窗户诅咒，把一切责任都怪罪在罗梅乌斯身上。但她很快改变了看法，相信罗梅乌斯终究无辜，并为刚才产生那样的想法感到羞愧。她像死了一样倒在地上，奶妈帮朱丽叶苏醒过来。朱丽叶对奶妈说真想一死了之，奶妈劝她要往好处想，并马上去找躲藏在劳伦斯修道室的罗梅乌斯。朱丽叶在希望与绝望中纠结，最后似乎是希望占了上风。

奶妈去找劳伦斯修士，劳伦斯修士告诉她，罗梅乌斯要在今夜的老时间、老地点去与朱丽叶幽会。奶妈将这好消息转告朱丽叶。同时，劳伦斯修士告知罗梅乌斯，他已遭放逐。陷于绝望中的罗梅乌斯诅咒自己的生命、命运女神、丘比特，诅咒这个世界上除朱丽叶之外的一切。劳伦斯修士好言相劝，开导他要做一名真正的男子汉，面对不幸的命运要采取行动、不屈不挠，即便到了曼图亚，幸福也不会随之消失。劳伦斯修士坚定地说，命运女神的车轮会再一次旋转，罗梅乌斯的心情好了许多。罗梅乌斯打算按劳伦斯修士的指点，去朱丽叶的卧室。此刻，朱丽叶正满怀希望地期待着爱人的到来。这时，作者提出警告：一场大的暴风雨正在向这对爱侣袭来。

罗梅乌斯来到朱丽叶的卧室，他们相拥而泣。朱丽叶试图说服罗梅乌斯，她想女扮男装，扮成他的仆人，跟他一起去曼图亚。但罗梅乌斯认为这样做太危险，答应四个月后一定回来。到那时，他去恳求亲王赦免，或带她远走高飞。她表示同意。两人发誓今生今世爱到永远。天将破晓，罗梅乌斯与朱丽叶悲伤地分离（布鲁克此处丝毫未提及夜莺或云雀）。罗梅乌斯到曼图亚以后，尽管交了许多朋友，但一天到晚始终郁郁寡欢。朱丽叶陷于极度的苦恼中，因为母亲说这个时候不必再为死去的提伯尔特伤心落泪。朱丽叶说已不再为提伯尔特悲伤，可又无法如实说出到底为何忧愁。母亲对丈夫凯普莱特说，她觉得女儿的苦闷来自对已婚姐妹们的羡慕、嫉妒，凯普莱特答应为女儿找个丈夫，她毕竟马上就满十六岁了（莎士比亚的朱丽叶不到十四岁）。凯普莱特还想知道朱丽叶是否已心有所属，因为他不想把女儿嫁给一个不能给她带来幸福的守财奴。

凯普莱特相中了帕里斯伯爵，但朱丽叶表示宁愿去死也不嫁与帕里斯。父亲威胁说，如果她不肯嫁给由他选定的帕里斯，就和她脱离家庭关系，或者把她关起来。待父母离开房间，朱丽叶去找劳伦斯修士，把刚刚发生的一切告诉了他。劳伦斯修士想了一会儿，说可以用一种帮她假死的安眠药来解决眼前这个难题：与帕里斯结婚的那天早晨喝下安眠药，等到当天夜里，他会和罗梅乌斯一起赶到墓地，把她从坟中救出，然后让她跟随罗梅乌斯去曼图亚。

回到家，朱丽叶告诉母亲，在劳伦斯修士的劝导下，她改变了主意，准备跟帕里斯结婚。母亲告诉凯普莱特，凯普莱特立即安排帕里斯与朱丽叶见面。朱丽叶上演了一场逼真的假戏，帕里斯急不可耐地等待大喜日子的来临。朱丽叶也对奶妈撒了同样的谎，奶妈觉得能嫁给帕里斯真是再好不过。她的理由是，罗梅乌斯永远不会回来了，就算他回来了，朱丽叶也可以拥有一个丈夫、一个情人，如此称心如意的事何乐而不为。

婚礼前夜，朱丽叶没让奶妈像往常那样在床边陪睡，而是跟她说，自己要彻夜祈祷；清晨早一点来叫醒她，给她梳头。房间只剩下朱丽叶一个人，她用水把劳伦斯修士给的安眠药粉调好，开始担心药效不起作用怎么办，想象如果在坟墓里醒来时旁边躺着浑身血污的提伯尔特该有多么恐怖。她担心这样想下去会被恐惧征服，便迅速喝下药水，在恍惚中昏睡过去。清晨，奶妈无论如何叫不醒朱丽叶，确认她已死去，便跑去告诉朱丽叶的母亲。朱丽叶的母亲、父亲，以及所有的婚礼嘉宾都为她的死哀悼。

劳伦斯修士让约翰修士给罗梅乌斯送去一封信。但当约翰修士抵达曼图亚，去修道院找同门师弟作伴时，因为修道院近来刚有一位师弟死于瘟疫，为免疫情扩散，暂时不许他离开。约翰修士对信的内情一无所知，只是有些担心而已，想第二天送到不迟。与此同时，在维罗纳，一场为婚礼准备好的喜事，瞬间变为葬礼的丧事。按维罗纳的葬礼习俗，要为死去的人身着盛装，安葬进家族墓地的墓穴。罗梅乌斯的仆人见到人们在为朱丽叶送葬，便将朱丽叶的死讯带到曼图亚。罗梅乌斯决意赴死，与爱人同穴而眠。他找到一位穷困潦倒的卖药人，给他五十块钱，买了一副能在半小时致人命丧黄泉的毒药。罗梅乌斯与仆人一起回到维罗纳，命他用工具撬开墓道，用火把照着墓穴，找到了朱丽叶。随后，罗梅乌斯在朱丽叶身旁写了一封信，写明了自己与朱丽叶的婚姻以及来这里为她殉情的决心。

罗梅乌斯回到维罗纳当晚，在仆人帮助下打开凯普莱特家坟墓之后，命仆人站在远处，不要妨碍到他。对罗梅乌斯意欲何为，仆人并不知晓。罗梅乌斯还告诉仆人，次日一早把那封信带给他父亲。罗梅乌斯亲吻、拥抱、凝视着朱丽叶，从她身上感觉不到丝毫生命的迹象，便一口喝下大半瓶毒药。他对朱丽叶说，他最期待的死亡就是在她的身边死去。当他看到旁边提伯尔特的尸体时，先是请求得到他的宽恕，然后说，要亲手杀死罗梅乌斯为他报仇。罗梅乌斯向耶稣祷告，死去。

劳伦斯修士没有接到罗梅乌斯的回信，非常担心，他知道朱丽叶即将苏醒，便来到凯普莱特家的墓地，发现了罗梅乌斯的仆人彼得。两人进入墓穴，发现罗梅乌斯已死，醒来的朱丽叶悲痛欲绝。外面传来人们的嘈杂声，劳伦斯修士和彼得十分害怕，转身离开。朱丽叶不愿独自苟活，也宁愿一死，用刀刺向自己。巡夜人发现墓穴里有亮光，前来查看，见一对殉情的爱侣相拥而卧，随即四处搜寻凶手，意欲抓捕，打入不见天日的地牢。

为防止恶毒谣言的传播，埃斯克勒斯（Escalus）亲王决定公开审理此案。罗梅乌斯和朱丽叶的遗体安放在一处露天的平台之上，劳伦斯修士和彼得被带上前来。劳伦斯修士先是慷慨陈词一番，表明自己的良心道德天地可鉴，然后将罗梅乌斯和朱丽叶之死的真相向大家娓娓道来。在他说出全部事实之后，彼得拿出那封罗梅乌斯临死前所写要他转给他父亲的信，作为佐证。亲王做出判决：对卖药人处以绞刑；将奶妈流放；彼得和劳伦斯修士无罪释放。劳伦斯修士志愿隐居苦修，五年后去世。蒙塔古和凯普莱特两家和解，并为罗梅乌斯和朱丽叶建造了一座纪念碑。此碑至今仍可能在维罗纳见到。

4. 来自奥维德《变形记》的灵感

  莎剧无论从人物的角色设定还是情节安排,都与布鲁克诗相近,甚至可以说脱胎于此;但是,在以下重要的三点,莎士比亚远比布鲁克高明。莎剧的确与布诗有诸多相似,但只是形似,莎剧不仅在故事情节、结构安排上做了明显高明的艺术改进,更重要的在于,两个作品在精神内核上绝不相同。第一,布鲁克的"剧情"时间长达九个月之久,其中三个月,罗梅乌斯与朱丽叶沉醉在幸福的爱河。几乎整整两个月,罗梅乌斯夜夜爬进朱丽叶的窗户,同爱人尽享鱼水之欢。莎士比亚将全部剧情浓缩在五天之内,罗密欧与朱丽叶从见面到殉情,不过三十六个小时,夫妻恩爱只短短一夜之欢。这不仅使剧情变得紧凑,也使悲剧冲突变得激烈。第二,莎士比亚新增加了几个具有艺术表现力的场景,比如罗密欧与朱丽叶的"黎明诀别"〔3.5〕[①],那悲情浓烈的诗性,布鲁克恐望尘莫及;帕里斯去墓地凭吊,被罗密欧杀死,人物与开头呼应,更加强了悲剧效果。除此,莎士比亚对劳伦斯修士和奶妈的刻画之丰满精彩,均远在布鲁克之上。第三,最重要的是,莎士比亚无意像布鲁克那样想以此爱情悲剧警示年轻人要恪守道德规范,遵循父母之命。他要塑造、描绘、表现的是一对真爱至上、挣脱道德束缚和家庭禁锢的青春爱侣,以自己的情死化解了仇恨的神奇、不朽的爱情。

  尽管莎士比亚的《罗密欧与朱丽叶》在题材上更接近布鲁克的叙事诗,但其戏剧精神是"奥维德式"的,罗密欧与朱丽叶这对追求自由爱情的情侣,同奥维德《变形记》中的皮拉摩斯(Pyramus)与提斯

[①]《罗密欧与朱丽叶》第三幕第五场。以下方括号中数字第一个表示第X幕,第二个表示第X场。

比（Thisbe）一样，以墓地殉情的悲剧，再现了"狂暴的欢乐势必引起狂暴的结局"［2.6］。即刻骨铭心的永恒爱情来自死亡。

1567年，亚瑟·戈尔丁（Arthur Golding, 1536—1605）翻译的古罗马诗人奥维德（Publius Ovidius Naso, 公元前43—公元18年）取材于古希腊罗马神话的长诗《变形记》（*Metamorphoses*）的英译本在伦敦出版，成为当时最具影响力的书，它对那个时代的许多作家，包括莎士比亚都产生了深远而巨大的影响。从莎士比亚早期剧作的诗剧风格、故事题材、情景意象，都可以找到奥维德的影子。我们不仅可以从他写于《罗密欧与朱丽叶》之前的《爱的徒劳》（1594年）中看到他对于奥维德的熟悉、喜爱，他在写到荷罗孚尼（Holofernes）批评纳撒尼尔（Nathaniel）牧师朗读的一首情诗时说："诗的韵脚还凑合，至于诗句之雅致、隽永以及黄金般的精致节奏，就无从谈起了。奥维德才是真正的诗人；而奥维德之所以能成为奥维德，不是因为他能凭想象嗅闻出鲜花馥郁的芬芳和他那富于奇思妙想的神来之笔吗？模仿之作一无可取。"［4.2］而且，在写作时间稍早于《罗密欧与朱丽叶》的《仲夏夜之梦》（1595年）里，已经发现了他对于"皮拉摩斯和提斯比"这一故事的借用和描述。

事实上，莎士比亚最早写作并于1593年出版的十四行长诗《维纳斯与阿多尼斯》（*Venus and Adonis*），不仅题材直接取自奥维德《变形记》中的"维纳斯和阿多尼斯的故事"，其所昭示的主题，与《仲夏夜之梦》和《罗密欧与朱丽叶》都是一样的：爱一旦来临，便不可抗拒。"维纳斯和阿多尼斯的故事"讲述爱神维纳斯疯狂爱上跟自己的儿子小爱神丘比特一样俊美的少年阿多尼斯，遭到拒绝，仍痴情不改，最后，当阿多尼斯在狩猎中意外死去时，维纳斯不是像凯普莱特和蒙塔古两家那样为罗密欧和朱丽叶雕塑金像，而是用芳香的仙露和阿多尼斯的鲜血交融，开出一朵叫"风神之女"的脆弱花朵，以此表达永远的悲痛和纪念。莎士比亚则让维纳斯把那朵花当成自己"情人的化身"。

我们简单描述一下奥维德改写的"皮拉摩斯和提斯比的故事"这一来自古希腊神话的爱情悲剧：

在古巴比伦城，英俊青年皮拉摩斯的家与一位东方最可爱的姑娘提斯比的家，只有一墙之隔。两人得以相识，日久生情，但结婚的意愿遭到双方父母的禁止。没人传递消息，他们便用点头或手势来交谈。爱的火焰不仅没有熄灭，反而愈加炽烈。一天，这对情人用爱的眼睛第一次发现把两家隔开的墙上有一道裂缝，他们就从这道裂缝轻声地互吐爱慕之情。每一次说完，他们都会抱怨"可恨的墙"为什么要把他们隔开，为什么不让他们拥抱，哪怕是打开一点能让他们接吻都行。但能透过这一线的空间倾听彼此的情话，他们已心存感激。告别时，两人都亲吻了墙壁。

第二天清晨，两人相约等夜深人静以后，设法瞒着家人逃到城外，在亚述王尼努斯的墓前，藏在大桑树下。两人焦急地等待夜幕的降临。提斯比先到了墓地，如约坐在桑树下。当她在月光下远远望见刚吃完一头牛、嘴里淌着血、因口渴走到泉边喝水的雄狮时，吓得两腿发软，急忙向一个土洞跑去，仓促间把一件外套跑丢了。豪饮之后的狮子发现了丢在地上的衣服，用血盆大口将它扯烂。

不久，皮拉摩斯来了，先是发现尘土中有野兽的足迹，继而看见提斯比沾满血迹的外衣，呼喊道为什么两个有情人竟要命中注定在同一个夜晚死去。他觉得都是因为自己把提斯比深更半夜叫到如此危险的地方，才害死了她。他捡起外衣，来到事先约定的桑树下，不停地吻着碎衣，以泪洗面。他对衣服说，也让我用血把你沾湿吧。他拔出剑，扎进腹部，又挣扎着把剑从伤口抽出来，仰面倒下。血喷涌出来，挂在高空溅了血的桑椹变成暗紫色。此时，提斯比从藏身处来到桑树下，桑椹的颜色令她困惑不解。忽然间，她发现了躺在血泊中的皮拉摩斯。

她抱住心爱的情人，眼泪淌进了伤口，血与泪交融在一起。她吻着他冰冷的嘴唇放声痛哭，呼喊着"皮拉摩斯，回答我！是你最亲爱的提斯比在叫你！"听到提斯比的名字，皮拉摩斯睁开眼，看了她最后一眼，死去。

提斯比看到自己的外衣和一把空的象牙剑鞘，明白了一切，她说："不幸的人，是你自己的手和你的爱情杀了你。我的手一样勇敢，因为我也有爱情，能做这样的事。爱情会给我力量杀死我自己。我要陪你一起死，人们会说是我把你引上死路，又来陪伴你。能分开我们的只有死亡，不，死亡也不能。啊！请求我们两人可怜的父母答应一件事：既然忠贞的爱情和死神已把我们结合在一起，求你们不要拒绝我们死后同穴共眠。桑树啊！你的树荫下现在躺着一个人，很快就是两个人。请你作为我们爱情的见证，让你的果实永远保持深暗的颜色，以示哀悼，并纪念我们流血的情死。"说完，她把剑对准自己的胸口扎下去，向前扑倒。可怜那剑上情人的热血还未完全冷却，又染上了新血。提斯比的请求感动了天神，也感动了双方父母。每逢桑椹熟的季节，它的颜色就变成暗红，两人焚化以后的骨灰也被安放在同一个罐中。

显然，罗密欧与朱丽叶这对爱侣最后的"情死墓穴"，无论其创作灵感，还是情人诀别时真挚的悲情独白，都像是莎士比亚对奥维德"皮拉摩斯和提斯比的故事"结局的直接拷贝。

5. 来自阿普列乌斯《变形记》的启发

不仅如此，我们还应关注到另一部《变形记》对莎士比亚创作灵感的启发，它的作者是比奥维德晚一个多世纪、比对莎士比亚产生过深刻影响、擅写"流血悲剧"的罗马最重要的悲剧作家鲁齐乌斯·安奈乌斯·塞内加（Lucius Annaeus Seneca, 约公元前4—公元65年）晚半个多世纪的另一位古罗马作家鲁齐乌斯·阿普列乌斯（Lucius Apuleius, 约124—180年）。

阿普列乌斯被誉为欧洲"小说之父"，其具有魔幻和浪漫情调的代表作《变形记》（*Metamorphoses*）是古罗马文学最后、也是最完整的一部小说，在文艺复兴时期流传甚广，对近代欧洲小说的产生起了很大推动作用。阿普列乌斯的《变形记》采用与荷马史诗《奥德赛》相同的结构方式，因写的是一个赴希腊旅行的罗马青年鲁齐乌斯误服魔药变成驴子之后的传奇经历，并凭驴之眼观察社会的人情百态，以驴之心感受时代的世态炎凉，最后皈依宗教得到救赎，从公元5世纪起，人们习惯称之为《金驴记》。

1566年，莎士比亚两岁的时候，由威廉·阿德林顿翻译的英文本《金驴记》（*The Golden Ass*）出版，阿德林顿是使伊丽莎白时代的英格兰成为"翻译的黄金时代"的重要翻译家之一。

取材自希腊民间传说的《金驴记》，情节并不十分复杂，它描写罗马帝国时期的青年鲁齐乌斯因故去希腊旅行，于母亲家的原籍、巫术之乡塞萨利停留，并在一高利贷商人米罗家中投宿。当他得知女主人精通巫术，能变幻为飞鸟时，萌生了好奇心，想学巫术之道。为此，他向女仆福娣黛求爱，结为情侣，得以亲眼目睹女巫凭借魔药施展变身术。为一试身手，他让情人偷拿魔药。谁知忙中出错，福娣黛误拿了药膏，敷在身上，不仅未能如愿变为飞鸟，反而变成一头毛驴，沦为给人驮东西的牲畜。从此，他不得不听天由命，相继为强盗、逃亡的奴隶、街头骗子、磨坊主、种菜人、兵痞及贵族厨奴服苦役，历经无数磨难，聆听到神话传说，见识过坑蒙拐骗、巧取豪夺，也曾被一阔太太强迫与她人驴交欢。最后，未曾泯灭的羞耻感，令他无法忍受与一恶妇当众做爱出丑，遂寻机纵身狂奔而逃，来到一处僻静的海滩，在疲乏中进入梦乡。次日黎明，他含泪向万能的女神哭诉、祷告，埃及女神爱希丝天后对其不幸心生怜悯，答应拯救。遵照女神的指示、授意，他终于脱离驴皮，恢复人形，并皈依了爱希丝女神的教门。

我们先来看《仲夏夜之梦》中的织工波顿（Bottom）变成驴头人身，以及仙后对他的短暂迷恋，这一灵感可能直接来自《金驴记》。当然，这一灵感也有可能来自雷金纳德·司各特（Reginald Scot, 1538—1599）于1584年出版的那本著名的揭穿巫术的《巫术的发现》（*The Discoveries of Witchcraft*）一书，其中写到一个年轻水手被女巫变成了驴；也有可能来自《圣经·旧约·民数记》第22节"巴兰和他的驴"的故事，其中上帝让驴开口说话。莎士比亚的素材及灵感来源十分广泛，无论是早于阿普列乌斯的希腊小说《帕特城的卢喀斯的变形记》，还是与阿普列乌斯同时代的希腊语讽刺作家琉善（Lucian, 约125—180）的《卢喀俄斯或驴子》，都写到"人变驴"。

再来看巫术或魔药在莎士比亚笔下的功用，在奥维德《变形记》"伊阿宋和美狄亚的故事"中，伊阿宋（Easun）用催眠的魔药和三遍咒语，将守护金羊毛、从不睡觉的恶龙催入梦乡，取得了金羊毛。在莎士比亚的《仲夏夜之梦》中，仙王的"魔汁"（催眠的仙药）使违背父命渴望自由爱情的男女，在经历了阴差阳错的喜剧冲突后，有情人终成眷属。而在《罗密欧与朱丽叶》中，劳伦斯修士调制的"魔汁"（使人假死的安眠药)则阴差阳错地使一对违背父命自主结婚的情人,在墓穴发生了以死殉情的惨剧。显而易见,莎士比亚可以巧夺天工般地让"魔汁""变形"为前者皆大欢喜的收场,也可以鬼使神差般地使"魔汁""变形"为后者摧毁幸福的落幕,而除了这表面对"变形"的借用,《罗密欧与朱丽叶》对"变形"还有两层更深的幻化或升华的精神意境。

事实上,我们已经在前面论述到第一层,即莎士比亚在《罗密欧与朱丽叶》中对奥维德《变形记》里"皮拉摩斯和提斯比的故事"进行了移植和幻化。现在,我们再来分析莎士比亚对阿普列乌斯《金驴记》中"丘比特和普绪喀的故事"在罗密欧与朱丽叶身上的投射与升华。

普绪喀(Psyche)是希腊神话和罗马神话中的人物,原是人间一位国王美若天仙的小女儿,因"普绪喀"在希腊语中的意思是灵魂,因此被视为人类灵魂的化身,常以带有蝴蝶翅膀的形象出现,并演绎出与爱神厄洛斯(Eros)即罗马神话中的爱神丘比特(Cupid)相爱的神话故事。正像比起希腊神话中爱的女神阿佛洛狄忒(Aphrodite),人们更熟悉罗马神话中爱的女神维纳斯(Venus)一样,对作为维纳斯儿子的丘比特的熟悉和喜爱,也远远超过了厄洛斯。这或许要归功于《金驴记》。

《金驴记》共11卷,阿普列乌斯从第4卷28节到第6卷23节,花了占全书近六分之一的篇幅,借强盗洞穴中的一老妇人,为了安慰被强盗从新婚丈夫身边抢来的少女,讲述了"丘比特和普绪喀"这一曲折、动人的美丽爱情故事,既使《金驴记》本身更富于神话色彩,同时也为后来的西方文学和西方绘画,直接提供了丰厚的素材。

故事讲述的是一个国王有三个女儿,因小女儿的美貌超凡,引起维纳斯的嫉妒,她不能容忍一个凡胎少女与她分享美的荣誉,便吩咐儿子看在母爱的情分上,用他的箭让这个名叫普绪喀的少女爱上一个最卑微的男人。而普绪喀纵然美丽,却因始终没有恋人,孤守空闺,心里十分痛苦。不想阿波罗的神谕是要将她弃于一座高山之巅，等待嫁一个凶恶的蛇精。然而，在那处山巅有一座圣殿，那原是天主的恩赐。普绪喀进入圣殿，按照一个声音的指示，沐浴、用餐、就寝。午夜，她成为素不相识的丈夫的配偶，失去贞操。天亮之前，那丈夫匆匆离去。不久后的一天夜里，丈夫又出现了，嘱咐这位最温柔、亲爱的妻子，当听信她已死去的谣传的亲人来寻找她时，千万不能相见。后来，丈夫禁不住普绪喀枕边的柔声相求，答应让仆人将她的两个姐姐带来。享受完天上的荣华富贵，两个心术不正的姐姐打算加害无辜的妹妹。不露面的丈夫再次提醒她要警惕披着女人外衣的凶恶母狼的圈套，不管怎样，都不要透露关于丈夫的任何信息，否则，怀孕的孩子将不是一个神灵，而只是一个凡夫俗子。心怀强烈嫉妒的两个姐姐重提阿波罗的神谕，说每天睡在普绪喀身边的是一条残忍的巨蛇。单纯、幼稚的普绪喀一想到丈夫每天只是夜间温存时才开口，太阳升起前就离开，心里不免十分害怕。当她听从姐姐要杀死蛇怪的劝告，取出油灯，拿起剃刀，走近熟睡的丈夫时，惊奇地发现那正是风度翩翩的小爱神丘比特本人。她摆弄起床脚下爱神的武器，被箭头扎进手指，结果自动投入爱神的情网，贪婪而狂热地亲吻丈夫，无意间晃了一下油灯，一滴滚烫的灯油掉在小爱神的右肩。爱神见自己的信条遭到背叛，便躲开亲吻和拥抱，腾空而去。普绪喀情急之下抓住爱人的右腿，被带到空中，飞翔中跌落在地。此时，丘比特实言相告：本是要遵母命罚她嫁给一个最卑微之人，结果因被其美貌吸引，不小心让金箭划伤，爱上了她，不想她竟违背了他仁至义尽的警告，他只有离开以示惩罚。悲痛欲绝的普绪喀跳河自杀，河水不接收她，将她送到岸边。田野之神不忍见她遭受绝望爱情的折磨，安慰她不要再寻死，而要用崇拜和赞扬去博得清高、傲慢的小爱神的好感。

　　普绪喀先向两个姐姐复仇，谎称丘比特谴责她时说宁愿娶她的姐

一、《罗密欧与朱丽叶》：永恒之爱从何而来？

姐为妻，她们信以为真，从那处山巅的悬崖纵身一跳，以为丘比特会安排仆人来接，结果粉身碎骨，恶有恶报。然后普绪喀开始漂流四方，浪迹天涯，日夜寻找丈夫。此时，维纳斯已知晓儿子不仅违背母命，爱上普绪喀，而且手还受了伤，恼羞成怒，把爱神关在一个房间里，既是为防止他继续纵欲加重伤势，更是要阻止他与爱人相会。维纳斯在全世界搜寻普绪喀的行踪，当普绪喀来到一处神殿时，被农业女神出其不意捉住，因女神不愿得罪亲戚维纳斯，拒绝了她的求助。她又来到天后赫拉的神庙，祈求救助，但天后也不肯为她得罪维纳斯。希望彻底破灭的普绪喀，决定主动去维纳斯的神殿向婆婆请罪。维纳斯先是命仆人鞭打、折磨普绪喀，然后亲手把她的衣服撕碎，揪着她的头发无情地殴打。她故意让普绪喀去干不可能完成的工作，第一件是让她天黑之前把杂乱的种子一粒一粒按类分好，结果，一只蚂蚁出于对爱神伴侣的同情，召来一支蚂蚁大军，很快就把种子分得井井有条。第二件是让她到河对岸的羊群中去取一绺珍贵的金羊毛，万念俱灰的普绪喀本想投河自尽，却有芦苇受神灵的感应对她发出先知的教诲，帮她从午后变得乖顺的羊群附近的灌木丛顺利地取到金羊毛。维纳斯断定此举依然不是普绪喀可以凭一己之力所为，便交给她一个水晶罐子，让她去完成第三件任务，到万丈绝壁之上一孔幽深的泉眼，去打泉水，那浊恶的水流飞泻而下，倾注在"死地阶"沼泽，最后汇入地狱之河——悲叹河。峭壁上的泉眼由一条被天神判处永不睡眠的凶恶蟒蛇终身看守，普绪喀绝望之时，受爱神激励并秉承宙斯（Zeus）意旨的天鸟降临。这只凶猛的雄鹰，用谎言骗过恶蟒，终于接近水源，将罐子打满。不想维纳斯不仅未息怒，反而恶意挖苦普绪喀像一个大巫婆。于是，她又命普绪喀去做第四件事，拿着一个梳妆匣到地下哈得斯的冥府，去向冥后珀尔塞福涅求一点美貌回来涂在脸上。普绪喀爬上一座高塔，打算一死了之。此时高塔开口说话，指给她一条直通地狱王国的路，并教她如何用钱币打发冥河的摆渡人，用麦饼哄骗守门的生着三个脑袋的恶狗，接受冥后的款待拿到东西以后，在回来的路上，千万不要出于好奇窥探匣内神圣美貌的天赐之宝。重返人间的普绪喀，为了要让身为爱神的情人高兴，想为自己再添一点天赐的美貌，终于没能抑制住好奇，打开了匣子。空空的匣子里面装的是可怕的"死地阶"睡魔。一团浓雾袭来，普绪喀如同死尸一般倒在地上。此刻，痊愈的爱神再也无法忍受普绪喀不在身边的日子，从幽闭他的房间的天窗逃出来，飞到爱人身边，将睡魔重新关进匣中，让她不感到丝毫疼痛地用箭一扎，唤醒了她。普绪喀去向维纳斯交差，同时，丘比特飞向主神宙斯，跪求他开恩。宙斯为丘比特对他所表现出的从未有过的敬意所打动，他一面嗔怪丘比特违背了天庭律法，一面表示对爱神有求必应，因为爱神是在他的怀抱里长大的。同时，他也不忘让爱神记住他的恩德，以后再遇到如花似玉的凡间美女，要奉献给他。

最后，宙斯召集众神开会，缺席者处以罚金。他当众宣布，既然丘比特自己爱上一位姑娘，并夺去了她的贞操，婚姻关系又可以束缚住他的心，那就让他永远拥抱普绪喀，享受爱情吧。然后，他安慰女儿维纳斯不必为这联姻可能会对高贵血统有所贬损而担心，他要消除新郎与新娘间的天壤之别，使婚姻合法化，便吩咐赫尔墨斯马上将普绪喀接到天国来。普绪喀刚一抵达，宙斯就递给她一杯仙露，让她喝下，表示从今日起，爱神会与她永为夫妻，白头偕老。席间，太阳神阿波罗弹起竖琴歌唱，维纳斯随着节拍翩翩起舞。就这样，按照传统的结婚仪式，普绪喀正式嫁给了爱神丘比特。后来，他们生下一个女儿，起名叫伏露妲（"色情"之意）。

由此，我们当然可以把莎士比亚在《罗密欧与朱丽叶》中艺术塑造的罗密欧与朱丽叶这一对爱侣的情死同穴，既可以看成奥维德"皮拉摩斯和提斯比的故事"式的悲剧情死，也可以把它幻化为阿普列乌斯"丘比特和普绪喀的故事"式的天国永爱。在阿普列乌斯笔下，宙斯最终把普绪喀带入天国，赐予她永生不死的生命，并让她与爱神丘比特永为夫妻。在莎士比亚的笔下，朱丽叶便仿若人间普绪喀的美丽化身，而罗密欧也正是尘间的爱神，他能攀上那看似高不可攀的阳台与朱丽叶幽会，分明是插上了丘比特的翅膀飞上去的；他们最后的情死，不仅化解了两家仇恨，更是以爱情战胜死亡，在天国里永恒。人们也十分愿意相信，他们在最后殉情的那一瞬间，是拥抱着爱情上了天堂。若非如此，人们自然也不会在维罗纳那座貌似真实的朱丽叶空石棺楼上的墙壁，绘制罗密欧与朱丽叶在天国的幸福生活。

因此，无论莎士比亚写作《罗密欧与朱丽叶》的初衷是否要让人们相信世间真有这样一见钟情、刻骨铭心、恒久不灭的爱情，但直到今天，"罗密欧"与"朱丽叶"这两个名字中的任何一个，都早已在许多愿意相信、真诚希望、渴望享有美好爱情的人们心中，成为浪漫、纯情、忠贞、永恒爱情的象征。但不知有没有人想过，它之所以永恒，只因为它是转瞬即逝的？莎士比亚"吝啬"地让他们俩从相识相爱到一吻而死，时间没有超过三十六个小时。理由很简单，虽然《罗密欧与朱丽叶》只是莎士比亚悲剧写作的起步，但他明白，悲剧就是酝酿死亡并使之尽快发生的过程，这一点在他后期的四大悲剧——《哈姆雷特》《奥赛罗》《李尔王》《麦克白》——中，也如是。时间一长，悲剧性震撼的审美效果自然会减弱。如果罗密欧与朱丽叶不死，而是顺利地进入人们习以为常的世俗的婚姻生活，那他们的爱情难保不会褪色，甚至消亡。至少那不再是莎士比亚戏剧中的罗密欧与朱丽叶，而只是一对平凡的饮食男女。

二

《威尼斯商人》:"一磅肉的故事"和"择匣选婿"

1. 来自"傻瓜"(The Dunce)的故事

从古代直到中世纪的欧洲,已有许多民间故事的主题,涉及以人身体的某个部位,为所立契约作担保。而以威尼斯为背景的这一主题的故事,可以追溯到1378年由名不见经传的佛罗伦萨作家塞尔·乔瓦尼·菲奥伦蒂诺(Ser Giovanni Fiorentino)所写,以"威尼斯的吉安尼托"(Giannetto of Venice)与"贝尔蒙特的小姐"(the Lady of Belmont)的故事为素材的短篇小说。小说收入1558年在米兰出版的意大利语短篇小说集《大羊》(Pecorone)。"大羊"(big sheep)是意大利语的意思,转义指傻子、笨蛋(simpleton),相当于英文的"大笨牛"(the dumb ox),即"傻瓜"(the Dunce),故通常将此译为《傻瓜》,也有人译为《蠢货》。在伊丽莎白时代的英格兰,此书虽尚无英译本,人们却对书中的故事梗概有所了解。

前者描述一威尼斯富商安萨尔多(Ansaldo)将孤儿吉安尼托收养为教子。吉安尼托想出海进行商业冒险,安萨尔多便给他提供了一艘华丽的商船。一天,吉安尼托将船驶入贝尔蒙特港,听说当地一位"小姐"为自己开出必嫁的条件,是要嫁给一个能跟她一起彻夜不眠的男人;要经此考验,须做好万一失败便放弃自己所有财产的准备。而她事先早已为求婚者备好了偷偷放入催眠药的药酒,所以不可能有人成功。吉安尼托对此骗局信以为真,结果为了追求姑娘,赔了商船。回到威尼斯以后,他羞愧难当,不敢露面。但当安萨尔多找到他时,他却说自己的船在海上失事了。安萨尔多听罢,再次资助这位教子出海。毫无悬念,这次所发生的一切都跟第一次一样。为资助吉安尼托第三次出海,此时已无足够财力的安萨尔多,以自己身上的一磅肉做抵押,

二、《威尼斯商人》:"一磅肉的故事"和"择匣选婿"

向一犹太人借贷一万达克特(ducats),即一万块钱。这一次,有位"少女"(damsel)警告吉安尼托,只要不喝那杯药酒,就能赢得新娘。最后,如愿以偿的吉安尼托在贝尔蒙特过上了快乐的贵族生活,把安萨尔多所签契约的最后期限忘到脑后。当安萨尔多惹上官司时,大梦方醒的吉安尼托才把事情的整个过程,向"小姐"和盘托出,"小姐"让他随身带着十万块钱速回威尼斯。然而,那个犹太人蓄意谋杀的残忍意图昭然若揭。此时,"小姐"只身来到威尼斯,化装成一名律师,劝说犹太人接受十倍于借款总数的赔偿,但被犹太人拒绝,此案随后进行公开审理。在法庭上,"小姐"正告犹太人,他有权利得到赔偿,但假如他从被告身上割下来的肉,不论多于一磅还是少于一磅,或哪怕割肉时流了一滴血,他都将被砍头处死。最后,连本金都无法得到的犹太人怒气冲冲地将契约撕碎了。吉安尼托对律师充满感激,打算重重酬谢,而律师只索要他手上戴的戒指。可这枚戒指,恰恰就是"小姐"送给他的,当时他发誓对"小姐"的爱始终不渝。无奈之下,吉安尼托把戒指送给律师。在安萨尔多的陪伴下,吉安尼托回到贝尔蒙特,遭到冷遇。当"小姐"声泪俱下地申斥他忘恩负义以后,又告诉他,自己就是那律师。最后,由吉安尼托做主,将乐于助人的"少女"嫁给了安萨尔多。

2. 从"三枚戒指"到"三个匣子"

文艺复兴时期著名意大利作家、诗人乔瓦尼·薄伽丘（Giovanni Boccaccio, 1313—1375）在其名著《十日谈》(*Decameron*) 里，写到第一天的故事之三，是关于一个机智的犹太富商，通过向巴比伦的苏丹萨拉丁讲述"三枚戒指"，使自己脱险的故事：

小人物萨拉丁凭一身勇武，成为巴比伦的苏丹，之后，又不断打败信奉伊斯兰教和基督教的王国。却因连年用兵，导致国库空虚，便向一个放高利贷且嗜钱如命的犹太富商麦启士德求助。钱非要不可，但萨拉丁又不愿强迫。他设计好一个圈套，把麦启士德请来，待若上宾，请他坐在自己身边，问他犹太教、伊斯兰教、天主教，哪个才是正宗。聪明的麦启士德识破了这个圈套，他深知对此三教不能随便选一弃二。他礼貌而得体地回答，陛下此问意义甚大，但在回答之前，须先讲个小故事。

麦启士德所讲的故事是：曾有一位犹太富商，家藏无数珍珠宝石，但他只钟爱一枚最瑰丽、珍贵的戒指，希望它能成为留给后代子孙的传家宝。因担心戒指会落入他人之手，他立下遗嘱，写明，得此戒指者，既是他的继承人，同时也将被其他子女尊为一家之长。如此代代相传，终于有一天，戒指传到了某位家长手里，他的三个儿子人人贤德、个个孝顺。三个儿子知道凭戒指才能成为一家之长，都对年老的父亲体贴备至。父亲对三个儿子也都十分疼爱，实难厚此薄彼，便请技艺高超的工匠，又仿造了两枚戒指。父亲临终，三枚戒指分赠三子。父亲死后，三子均以手里的戒指为凭，要以家长的名分继承家产。但三枚戒指，真假难辨，到底谁该成为一家之主，悬案至今。最后，麦启士

二、《威尼斯商人》:"一磅肉的故事"和"择匣选婿"

德引申说到,上帝所赐之三教,与三枚戒指情形无二。因此,对于哪种教才是正宗,恰如三枚戒指之真假,无从判断。

见圈套失灵,无奈的萨拉丁只得向麦启士德实情相告,还说假如他不能如此圆满回答,已想好将如何处置他。麦启士德慷慨解囊。后来,萨拉丁不仅如数将借款还清,还厚礼相送,以友相待。

英国中世纪诗人约翰·高尔(John Gower, 1330—1408)所写33 000行的长诗名作《情人的忏悔》(*The Lover's Confession*),也叫《七宗罪的故事》(*Tales of the Seven Deadly Sins*),是14世纪后期英国文学中的一部重要作品,约从1386年开始写作,1390年完成。他的头两部作品,分别以盎格鲁诺曼语和拉丁语写成,而这部诗作的语言,已与同时代英国著名诗人杰弗里·乔叟(Geoffrey Chaucer, 1343—1400)一样,使用的是标准的伦敦方言,诗歌形式则采用八音节偶句体。因此,到了15世纪,高尔总是跟乔叟一起,同被认为是英国诗歌的奠基者。

《情人的忏悔》写到国王安提奥克斯(Antiochus)与自己美丽的女儿乱伦,为阻止女儿结婚,他要求每个求婚者必须破解一个谜语,解错者必死无疑。年轻的泰尔亲王阿波洛尼厄斯(Appolinus)置警告于不顾,执意解谜。当他读完谜语,发现谜语中竟隐藏着国王的罪恶。而国王也从他说的话里,意识到罪恶已经败露。

或许安提奥克斯国王"设谜选婿"与波西亚"抽匣择偶"之间,在创作的灵感上不无关联。事实上,莎士比亚是更直接地把这个"素材",写进了他后来与人合写的那部传奇剧《泰尔亲王配力克里斯》的第一幕,其中,国王的名字没有变,仍叫安提奥克斯(Antiochus);泰尔亲王则由阿波洛尼厄斯变成了配力克里斯(Pericles)。至于那个谜语,到了莎士比亚笔下,变为:"我不是毒蛇,却要/靠母血母肉来喂养。/为女寻佳偶,发觉/父爱恩情胜于夫婿。/温情丈夫亦父亦子，/ 亲生女儿为母为妻；/ 两身合一终为二体，/ 要想活命揭开谜底。"

　　素材上与"三个匣子"最直接的对应，最有可能源自一部佚名的拉丁文短篇小说集《罗马人传奇》（*Gesta Romanorum*），也可叫《罗马人的奇闻异事集》。直到今天，这部编于13世纪末14世纪初，描绘中世纪罗马时代风俗、传奇的作品，仍能引起人们的双重兴趣。首先，它曾是当时欧洲最流行的著作之一；其次，它成为后世许多作家作品中直接或间接的素材来源，除了莎士比亚，还有上述的乔叟、高尔、薄伽丘，以及英国诗人、牧师托马斯·霍克利夫（Thomas Hoccleve, c. 1368—1426）等。1577年，此书的英文节译本《罗马人的事迹》（*Deeds of the Romans*）在伦敦出版，1595年，修订本再版。书中包括一则描写通过对金、银、铅三个器皿（vessels）的选择，测试婚姻价值的故事。虽其测试的对象是女人，而非男人，但有理由认为，此时可能正处于《威尼斯商人》构思或已动笔开始写作的莎士比亚，驾轻就熟地顺手将"器皿的选择"，置换成金、银、铅三个"匣子的选择"，并艺术地安排波西亚把"匣子"（casket）的选择权，交给所有向她求婚的男子，最终得到巴萨尼奥这位如意郎君。

3. "一磅肉的故事"和"私奔的故事"

"一磅肉的故事",除了塞尔·乔瓦尼所写,还有另外两个版本,也曾流传久远,莎士比亚在创作《威尼斯商人》之前,有可能读过。一是1590年前后出版的《格鲁图斯的歌谣》(The Ballad of Gernutus),写到一个犹太人企图通过签订"一纸玩笑的"(a merry jest)契约,加害一位向他借钱的商人。而且,法庭审案时,这个犹太人"磨着手里的刀",声言要履行契约,法官出面干预,告诉他不仅必须割下精准的一磅肉,而且绝不能流血。另一个,是1596年出版的亚历山大·希尔维(Alexandre Silvayn)所著《演说家》(The Orator)的英译本。其中一篇的概要,简短叙述"一个犹太人试图从一个基督徒身上割下一磅肉为其抵债"。在法庭上,犹太人要求依法判给他"一磅肉",而这位基督徒以慷慨陈词的演说作为答复。犹太人的自辩表明,他的残忍比勒索一磅肉更坏。

需要一提的是,1579年,身兼编剧、演员的斯蒂芬·格森(Stephen Gosson)在其《诲淫的学校》(The School of Abuse)一文中,批评"《犹太人》一剧,……于红牛剧院公演,……描写一群婚姻选择者的世俗贪婪,以及放高利贷者的凶残嗜血"。显然,一方面,在《威尼斯商人》之前,已有一部名为《犹太人》的戏公演一时,而且,从格森的批评似乎不难推断,戏中应有"择匣订婚"、"签约割肉"之类的情节;另一方面,剧中的"犹太人"可能正是夏洛克的前身。可惜,此剧失传,只字未留,对于《威尼斯商人》的剧中元素是否与其有所关联,只能推测。

不过,对于《威尼斯商人》中夏洛克的女儿杰西卡与格拉西安诺"私奔",确实有迹可循,其情节最早可能源自1470年左右出版的意大利文《马苏奇奥·迪·萨莱诺故事集》(Tales of Massuccio di Salerno)。但也许，更直接的来源，是比莎士比亚稍微年长几岁的戏剧家安东尼·芒迪(Anthony Munday, 1553—1633)，在其1580年出版的《泽劳托：名望的喷泉》(Zelauto, or the Fountain of Fame)一书中，据此故事改写的一个故事：鲁道夫(Ludolfo)与一位年老的放高利贷者的女儿布里萨娜(Brisana)相爱，斯特比诺(Strabino)则爱上了鲁道夫的妹妹科妮莉亚(Cornelia)，而科妮莉亚遭到家里的逼婚。鲁道夫和斯特比诺以两人的右眼做抵押，向这位放高利贷者借了一大笔钱，买了一颗贵重的宝石，凭这颗宝石，科妮莉亚的父亲同意她嫁给斯特比诺。而当这位放债人发现求婚者把自己的钱花得精光，已无力还债时，他也已首肯女儿布里萨娜嫁给鲁道夫。于是，他把两个年轻人传唤到法官面前，索要"两只右眼"作为赔偿。法官劝他要有一点仁慈之心。他却置若罔闻，回答："我不求别的，只求得到一以贯之的公正，因此，我就要这个赔偿。"（当波西亚让夏洛克拿出一点仁慈来，夏洛克说："我只求依法办事，能让我按约得到赔偿。"）朋友们去找律师为他俩辩护，这时，布里萨娜和科妮莉亚身着学者长袍（律师的打扮）出现了。布里萨娜为逾期还钱所做的辩护，在任何一个法庭都司空见惯。而这位科妮莉亚，却紧抠字眼，强调放高利贷者理应得到赔偿，却不能溢出血来。这位放高利贷者心里明白已不可能再拿回钱来，只好认输，接受鲁道夫做他的女婿，并宣布鲁道夫是自己财产的法定继承人。

　　或许比起赛尔·乔瓦尼对莎士比亚的影响，安东尼·芒迪的故事已显出是二手货，因为在他的这个故事里，既没有商人，也没有犹太人。另外，这个故事结尾是皆大欢喜的喜剧：相爱的情人们得到加倍的快乐，鲁道夫不仅不用还钱，还变成了放贷者的继承人。而《威尼斯商人》却不仅喜中有悲，而且更多的是酸涩、苦楚。假如说这个故事对莎士比亚有影响，可能是在《威尼斯商人》里化装成律师出庭辩护的波西

二、《威尼斯商人》："一磅肉的故事"和"择匣选婿"

亚（Portia）身上，多少有一点科妮莉亚的影子；也有可能是把鲁道夫一分为二，投射在洛伦佐（Lorenzo）和格拉西安诺（Gratiano）这两个人物身上，把布里萨娜变成杰西卡（Jessica）和尼莉莎（Nerissa）两个人。

4. 洛佩斯（Lopez）与犹太"狼"（loup）的故事

1586 年，一位名叫鲁伊·洛佩斯（Ruy Lopez）的葡萄牙裔犹太人，成为伊丽莎白女王的私人医生。这一御医身份使他卷入了一场政治阴谋。女王任命他为安东尼奥·佩雷兹（Antonio Perez）——这位觊觎葡萄牙王位的西班牙著名政治流亡者——担任翻译和监护人。此时，一直与英格兰处于敌对状态的西班牙派出间谍，拉拢、诱惑洛佩斯，试图让他毒死佩雷兹，继而伺机毒死女王。

尽管洛佩斯本人声言无罪，女王对其是否要加害自己将信将疑，埃塞克斯伯爵（Earl of Essex）还是认定洛佩斯有罪。或许是因女王拗不过这位宠臣的执意坚持，勉强同意并签署了命令，判处洛佩斯死刑。1594 年 6 月 7 日，在众多嘲讽挖苦的民众围观下，洛佩斯被绞死、剖腹、肢解。为利用当时伦敦人对洛佩斯及所有犹太人的敌意，海军大臣剧团（Admiral's Men, 1585—1596）此时又重新上演了克里斯多夫·马洛（Christopher Marlowe, 1564—1593）在"洛佩斯案件"审理期间创作并上演过的戏剧《马尔他的犹太人》（*The Jew of Malta*）。马洛是诗人，也是当时最为卖座的剧作家。1594 年，洛佩斯被绞死以后，《马尔他的犹太人》共上演了 15 场，场场爆满。此时，马洛也已过世。

因洛佩斯的名字 Lopez 与拉丁语"狼"（loup）谐音双关，它便具有了"犹太狼"的字义。在《威尼斯商人》第四幕第一场的"法庭"一场戏，格拉西安诺讥讽夏洛克："你这狗一样的心灵，定是前生从一颗狼心投胎转世，那狼吃了人，被人捉住绞死。"这个"被人捉住绞死"的"狼"（loup）或许就是指"洛佩斯"（Lopez）。

5.《马尔他的犹太人》

即使洛佩斯没有进入莎士比亚的艺术视野,马洛笔下《马尔他的犹太人》巴拉巴斯(Barabas)这个人物形象,一定在莎士比亚的记忆里挥之不去。同时,《威尼斯商人》用放债者的女儿强化喜剧(更是戏剧)效果,也应直接源于马洛。莎士比亚甚至为了"挑战"马洛,更为吸引观众的眼球,他从一开始便为《威尼斯商人》,写下了另一个题目——《威尼斯的犹太人》(*The Jew of Venice*),这个名字在剧团的剧目上,一直沿用到18世纪中叶。

我们不妨先对马洛和莎士比亚各自笔下的两个"犹太人"做一个简单比较。两剧的开场便迥乎不同,《马尔他的犹太人》一开场,是众人在庆祝犹太人巴拉巴斯得到金银、丝绸和香料等大量财富,并准备描绘一幅物质主义者的世界的联络图。《威尼斯商人》虽也在一开场即强力引出安东尼奥的货船,满载着丝绸、香料,但他的"情绪低落"与物质财富无关,所有这些身外之物同他与巴萨尼奥的感情比起来,显得无足轻重。单从这一点,已可明显看出两人的人生价值观,安东尼奥是要拿这些财产为最亲密的朋友巴萨尼奥服务。正因为此,始终有后世学者,比如英国出生的著名奥地利诗人奥登(W.H.Auden,1907—1973),试图以同性恋来诠释他俩的友谊。与之相比,巴拉巴斯则以获得财富为唯一目的;财富在《马尔他的犹太人》中,成为卓有成效的物质阻力,这一点在夏洛克的女儿杰西卡和巴拉巴斯的女儿阿比盖尔(Abigail)身上,体现得尤为明显。夜色中的杰西卡将父亲的财宝装满匣子,扔给等候的情人,与他私奔;忠贞的阿比盖尔,却是在夜幕下从父亲家取出被罚没的财宝,扔给父亲。如此,我们再来对比一下两个父亲对女儿的态度，夏洛克是声嘶力竭地嚎叫："我的女儿！啊，我的金钱！啊，我的女儿！"巴拉巴斯则得意洋洋、不无反讽地慨叹："姑娘啊，金子啊，美丽啊，我的祝福啊！"两种滋味，各有千秋，但在挖掘人性的丰富和深度上，莎士比亚自然更胜一筹。

比如，马洛笔下的巴拉巴斯，是个单线条的、纯粹的"恶棍"。他家财万贯，贪婪成性，阴险奸诈，为达目的不择手段：撺掇女儿谎称自己皈依基督，是为进入被没收并已改建成修道院的私宅转移埋藏的财产；用一封信挑起追求女儿的两个青年决斗，使其双双毙命；为惩罚女儿，将修道院的修女全都毒死；怕罪行暴露，又接连害死四名知情人；在土耳其人与基督徒的战争中，他诡计多端，阴谋叛逆，先将马尔他岛出卖给土耳其人，再策划将土耳其人投入沸水锅中，结果自己掉入锅中，死于非命。他的行为体现出一种完全丧失了人性的魔鬼般的邪恶，在他身上，除了无尽的贪婪，找不出丝毫亲情、道德、法律、正义的痕迹。这样一来，马洛刚好用"他"这个犹太人，为当时对犹太人充满仇视的社会，以娱乐消遣的戏剧方式提供了狂欢的温床。

马洛的巴拉巴斯虽也受到基督徒的鄙视、压迫，但他只是一味拜金，面目可憎，令人心生厌恶。相较而言，夏洛克的命运则更令人心生酸楚，从喜剧发出来的笑，也含着泪。莎士比亚艺术地为夏洛克同基督徒的对立，提供出真实、广阔的历史与时代背景。作为威尼斯商人的夏洛克，首先认识到自己是一个人，其次才是犹太人，并因此成为受基督徒鄙视的人。他要通过割下安东尼奥这个活生生的基督徒身上的一磅肉，把对所有基督徒的仇恨、报复，淋漓尽致地发泄出来，焉能说此中没有他犹太民族的自尊？简言之，夏洛克作为一个艺术形象，其多元而复杂的深刻与精彩，是巴拉巴斯不可比拟的。尤其当英国演员艾德蒙·基恩（Edmond Kean）于 1814 年，第一次在舞台上把夏洛克诠释为一个种族歧视的受害者以后，这种艺术与人性双重的丰富、复杂，变得更

二、《威尼斯商人》:"一磅肉的故事"和"择匣选婿"

为凸显。容后详述。

然而,毋庸讳言,在一些细节上,莎士比亚对马洛应有所借鉴。比如,巴拉巴斯面对基督徒的蔑视表现出的从容是,"当他们叫我犹太狗时,我只耸耸肩膀而已"。夏洛克也不例外,当安东尼奥骂他"异教徒,凶残的恶狗"时,他"对此总是宽容地耸一下肩,不予计较"。〔1.3〕另外,夏洛克在"雅各侍奉上帝的冒险买卖"〔1.3〕中得到满足,也和巴拉巴斯在"上帝对犹太人的祝福"里陶醉,如出一辙。还有,巴拉巴斯相信,如果没有天赐神授的物质财富,人便失去了活着的意义。他向那些想拿走他财物的人吼道:"为什么,你们要断了一个不幸之人的命根子,比起那些遭受不幸的人,我的自尊就活该受伤害;你们侵吞了我的财富,占有了我的劳动果实,夺走了我晚年的依靠,也断送了我孩子们的希望;因此,从来就没有是非的明辨。"而夏洛克听到威尼斯公爵的判决,无力地抗辩道:"不,把我的命和我所有的一切统统拿走吧。我不稀罕你们的宽恕。你们拿走我支撑房子的梁柱,就等于毁了我的家;而当你们拿走我赖以为生的依靠,就等于活活要了我的命。"〔4.1〕事实上,这又何尝不是此时已无助无靠的失败者夏洛克残存的最后一点儿可怜的尊严。

三

《仲夏夜之梦》：一部"原创"的梦幻剧？

1. 提修斯与希波丽塔的故事

提修斯（Theseus，旧译忒修斯），古希腊神话传说中的雅典国王，母亲是特洛伊西纳（Troezen）的国王皮特修斯（Pittheus）之女埃特拉（Aethra）。提修斯有两位父亲，一位是雅典国王埃勾斯（Aegeus），一位是海神波塞冬（Poseidon）。像其他几位古希腊神话中的创世英雄，如宙斯之子帕修斯（Perseus）、腓尼基王子卡德摩斯（Cadmus）和大力神赫拉克勒斯（Heracles）一样，提修斯被视为古雅典能征惯战及建立古代宗教和社会秩序的开国英雄。当赫拉克勒斯成为多里安人（Dorian）的英雄，提修斯也已成为雅典伟大的改革者。相传他有许多英雄业绩，如曾在克里特国王米诺斯（Minos）的女儿阿里阿德涅（Ariadne）的帮助下，杀死了克里特岛上的人身牛头怪弥诺陶洛斯（Minotaur）。之后，征服亚马逊族，俘虏亚马逊女王希波丽塔（Hippolyta），并与之成婚。他们的儿子是希波吕托斯（Hippolytus）。古希腊悲剧家欧里庇得斯（Euripides，公元前480—公元前406）根据希波吕托斯的故事，写成著名悲剧《希波吕托斯》。

希波丽塔，古希腊神话传说中的亚马逊族女王，战神阿瑞斯（Ares）之女。亚马逊是由骁勇善战的女战士组成的种族，可能是现实中塞西亚人（Scythian）的神话升级版。相传希波丽塔有一条父亲送的魔力腰带，作为女王权力的象征。在关于提修斯的神话传说中，按有的版本叙述，是提修斯在与赫拉克勒斯一起远征时，遇到希波丽塔，将其绑架；也有的版本说，赫拉克勒斯的"九大业绩"之九，便是获取希波丽塔的魔力腰带，将她绑架，并把她当战利品送给了提修斯；还有的版本说，是希波丽塔与提修斯相爱，宁愿背叛亚马逊族，与提修斯一起回到雅典。

三、《仲夏夜之梦》：一部"原创"的梦幻剧？

莎士比亚对提修斯的生平不会陌生，因为在他开始写戏之前的1579年，由托马斯·诺思爵士（Sir Thomas North, 1535—1604）翻译的希腊史学家普鲁塔克（Plutarch, 46—120）的名著《希腊罗马名人传》（*Parallel Lives*）英文版，已在伦敦出版。从这部名人传对许多莎剧产生的直接而深刻的影响不难判断，莎士比亚一定读过其中的"提修斯传"（Life of Theseus）。不过，对莎士比亚设计《仲夏夜之梦》剧情产生更内在影响的，应是"英国文学之父"、中世纪最伟大的英国诗人杰弗里·乔叟（Geoffrey Chaucer, 1343—1400）的《坎特伯雷故事集》（*The Canterbury Tales*）第1卷中的"骑士的故事"（The Knight's Tale）。

"骑士的故事"开篇即讲，雅典君王提修斯征服亚马逊女人国（Amazons），并娶了她们健美的女王希波丽塔。婚宴之后，提修斯带着希波丽塔和她的妹妹艾米丽（Emily）班师回朝，途中遇到一群身穿黑衣的妇女拦住去路，跪地哭号，申诉哀求，因为底比斯（Thebes）国王克瑞翁（Creon）不许她们埋葬战死沙场的丈夫。匡扶正义的提修斯闻听此言，立即挥师底比斯，杀死了克瑞翁，并把俘虏的两位年轻的贵族骑士帕拉蒙（Palamon）、阿赛特（Arcite）带回雅典，将他们囚禁在监狱高塔。

帕拉蒙和阿赛特既是朋友，又是表兄弟。"五月节"的一天清晨，帕拉蒙从监狱高塔向外眺望，一眼看见在花园中散步的艾米丽，瞬间被她的美貌击中，受了"致命伤"。阿赛特被表哥的赞叹声惊醒，一眼望去，也立刻对美丽的艾米丽钟情不已。因同时爱上艾米丽，兄弟俩发生争吵，互相指责说，忠实之人不该爱上朋友的女郎。吵到最后，两人觉得这样毫无意义，因为他们必将永禁狱塔，只有听凭命运的指引。

不久，提修斯少年时代的好友来到雅典，为阿赛特说情。提修斯同意释放阿赛特，但阿赛特必须离开雅典，否则，一经发现，立即斩首。重获自由的阿赛特回到底比斯，因再也见不到心爱的艾米丽，整日愁苦，痛不欲生。而此时，狱塔中的帕拉蒙一想到表弟可能有机会娶到艾米丽，同样感觉生不如死。两年之后，为见到意中人，阿赛特扮作穷人，冒死返回雅典，化名菲勒斯特雷（Philostrate），受雇成为艾米丽的家童，后来又当上提修斯的主侍。

一晃七年过去，又到了五月，一天夜里，帕拉蒙在朋友帮助下逃出狱塔，躲进城外一片林子。次日清晨，阿赛特刚好骑马出城到林子里闲逛。昔日手足重逢，没有一丝惊喜，却为了共同爱着的艾米丽，立誓第二天在林中决斗，艾米丽属于胜利者。第二天，身穿甲胄的帕拉蒙和阿赛特如约来到林中，情敌相见，不由分说，一个如猛虎，一个如狂狮，酣战在一起。恰在此时，兴高采烈的提修斯带着希波丽塔和艾米丽，骑马来林中打猎，见二人像两只野猪在恶斗，便喝令他们住手。一问缘由，帕拉蒙全部招认，先说"菲勒斯特雷"就是阿赛特，他骗了提修斯好多年，当上主侍，却一味钟情于艾米丽；帕拉蒙接着说，作为提修斯的死敌，自己从狱塔逃出，同样深爱艾米丽，情愿死在她眼前。

提修斯欲将二人立即处死，无奈希波丽塔和艾米丽这对姐妹善心柔肠，双双跪下，洒泪哭求他慈悲为怀，宽恕二人不死。提修斯一想，这兄弟俩为了爱情来送死，这是何等高贵的愚蠢，遂心生怜悯，免其死罪。至于艾米丽的婚配，她只能嫁给兄弟俩中的一个，提修斯提出解决办法：一年之后，兄弟二人各带百名铠甲骑士来竞技场一决高下，他将把艾米丽赐婚给胜利者。二人一致赞同，觉得这是君王公正的开恩施惠。

一年之后，双方来到提修斯特意修建刚落成不久的壮丽的竞技场。仁慈的提修斯不愿看到一场血腥的厮杀，改变规则：不许将各种利刃兵器带入场内，任何人不准使用磨快的枪矛；可将败者活捉，立于指定的柱桩，但不得杀死。经过一番激烈的猛斗，帕拉蒙被生擒，阿赛

三、《仲夏夜之梦》：一部"原创"的梦幻剧？

特一方获胜。但不幸随即发生，当阿赛特骑马庆祝胜利，艾米丽从远处看台对他面露微笑的时候，地下钻出的恶魔惊了他的战马，他猝不及防，跌落马下，头骨破裂。阿赛特被抬到提修斯的宫中，临死前，他将表兄帕拉蒙和艾米丽请来，一面向艾米丽表达爱意，一面希望她嫁给忠诚、高贵、具有骑士风度的帕拉蒙。随着一声"艾米丽，宽恕我"，阿赛特气绝身亡。艾米丽厉声大叫，晕倒在地。提修斯也十分悲痛，只有他的老父伊吉斯（Egeus）能劝慰他。

提修斯决定在阿赛特与帕拉蒙发生争吵、打斗的那片树林，为阿赛特举行火葬。又过了几年，雅典人才停止悲悼。最后，在提修斯的提议下，彼此敬爱的帕拉蒙与艾米丽，终于在全体议臣面前喜结连理。

将乔叟"骑士的故事"（以下简称"故事"）和莎剧《仲夏夜之梦》（以下简称《梦》剧）比对一下，不难发现后者对前者巧妙地移花接木：

第一，《梦》剧把"故事"中一语带过的提修斯与希波丽塔的"婚宴"，在第五幕放大成全剧的高潮。

第二，《梦》剧把"故事"中希波丽塔与艾米丽间的姐妹亲情，移到赫米娅和海伦娜身上，使之变成闺蜜间的真纯友情。

第三，"故事"中，因禁在狱塔里的帕拉蒙、阿赛特兄弟俩同时爱上艾米丽，艾米丽并不知情；《梦》剧中，赫米娅很清楚自己被拉山德和德米特律斯两个男人同时所爱，但她爱拉山德，宁肯违背父命，坚决不嫁给德米特律斯，为此不得不与拉山德一起私奔，逃出雅典。

第四，"故事"的情节焦点在于，帕拉蒙、阿赛特兄弟俩关在狱塔里，便因同时爱上艾米丽争吵不休；后来，两人在雅典城外的林中不期而遇，发生决斗；一年后，又在竞技场上再决胜负。《梦》剧的喜剧冲突完全在林中发生：赫米娅和海伦娜为爱发生争执，全赖淘气的小精灵帕克阴差阳错，先后往酣睡的拉山德和德米特律斯眼里滴了魔药，使他俩一觉醒来，同时狂热追求海伦娜，并因此争吵，准备决斗。

第五，《梦》剧中提修斯的宫廷宴乐官"菲勒斯特雷"和赫米娅的父亲"伊吉斯"，是对"故事"中这两个人名的挪用："故事"中，阿赛特曾化名"菲勒斯特雷"；"伊吉斯"是提修斯的老父亲。

第六，《梦》剧把"故事"开篇那群妇女向提修斯喊冤诉苦，大骂底比斯国王克瑞翁的情节，妙笔一转，变成伊吉斯对女儿赫米娅逃婚的愤怒指控。

第七，"故事"终以艾米丽和帕拉蒙成婚结局，虽算圆满，却付出了阿赛特不幸惨死的代价。《梦》剧把发生在林中的一切爱的乱象迷局，全都戏剧性地归于帕克滴错了魔药。最后，两个着了魔药的男人睡去，帕克将解药滴入他俩的眼睑，待他们再次醒来，一切终于恢复正常，拉山德和赫米娅、德米特律斯和海伦娜这两对雅典恋人，如愿以偿，喜结良缘。

第八，"故事"中，雅典城外那片森林纯属于自然界，《梦》剧把它划归仙界，是仙王奥伯龙和仙后泰坦妮亚的地盘。

在莎士比亚"四大喜剧"（《仲夏夜之梦》《威尼斯商人》《皆大欢喜》《第十二夜》）中，《仲夏夜之梦》是写作时间最早、篇幅最短的一部。有莎学家指出，它也是莎剧中少数具有原创性的一部。其实，它只是巧妙地把各自独立的三个故事穿插交织在一起：提修斯与希波丽塔的婚礼，以及两对雅典恋人的故事；仙界中奥伯龙与泰坦妮亚破镜重圆，以及捣蛋鬼小精灵帕克（好人儿罗宾）阴差阳错捉弄人的故事；六个丑角工匠排演搞笑插剧"皮拉摩斯与提斯比"，为提修斯婚礼助兴的故事。显然，以中文来表达，由于这些人物、故事都有原型，说它具有编创性、而非原创性更妥帖。事实上，几乎所有莎剧都不符合严苛意义上的原创。当然，无需证明的是，莎士比亚是一个极会利用原材料的绝世好厨，用一个美丽动听的词来形容，就叫天才编剧。

2. 仙王奥伯龙与仙后泰坦妮亚的故事

奥伯龙（Oberon，也拼作 Auberon），是出现在中世纪和文艺复兴时期文学作品中的一个仙王。其最早的原型，是法兰克梅罗文加（Merovingian Dynasty，约500—750）王朝传说中的一个男巫师，中古高地德语中称为"阿尔贝利西"（Alberich），意思是"矮子国国王"。在写于12、13世纪之交的德国中世纪长篇叙事诗《尼伯龙根之歌》（Nibelungenlied）中，阿尔贝利西是守卫尼伯龙根宝藏的一个矮子，被齐格弗里德（Siegfried）打败。

在13世纪早期法国中古英雄史诗《波尔多的尤昂公爵》（Huon de Bordeaux）中，讲到浪漫骑士尤昂公爵因误杀了查理曼大帝（Charlemagne，742—814）之子夏洛（Charlot）被判死缓，只有完成一系列几乎不可能的任务才能抵命：必须前往位于巴比伦（Babylon）的埃米尔（Amir，在阿拉伯语中意为国王、酋长、头人等）宫廷，带回一把埃米尔的头发，以及牙齿；杀死埃米尔最强大的骑士；吻三次埃米尔的女儿艾斯卡尔蒙达（Esclarmonde）。为能活命，尤昂公爵率领一行人出发了。当他们进入印度，看见一位"全印度最美丽的少女"，并与居住在森林里的仙王奥伯龙及其小精灵侍从们相遇。奥伯龙擅长"奇幻的魔法"，他能掀起虚幻的暴风雨、造成迷梦般的危险，叫凡人产生仿佛置身天堂的错觉。最后，在这位具有神奇威力的仙王的帮助下，尤昂公爵顺利完成了所有任务。

1540年，这部由二世伯纳斯男爵约翰·鲍彻（Jonh Boucher，1467—1533）翻译的法国英雄之歌的英译本《波尔多的尤昂》(Huon of Bordeuxe)在英国面世，"奥伯龙"的名字由法语 Auberon 变成英文

Oberon。这是英语中第一次出现"奥伯龙"的名字,并一直沿用下来。诗人埃德蒙·斯宾塞(Edmund Spenser, 1552—1599)在其 1590 年出版的著名史诗《仙后》(*The Faerie Queene*)中,塑造了一位名叫"奥伯龙"的仙王。同年,英国剧作家罗伯特·格林(Robert Greene, 1558—1592)在其《詹姆斯四世的苏格兰史》(*The Scottish History of James IV*)这部戏中,给一个剧中人物取名叫"奥伯龙"。

从《梦》剧情节不难看出,莎士比亚对以上所提及的传说或史诗中的仙王"奥伯龙"一点不陌生,尤其《波尔多的尤昂》中描绘的奥伯龙及其小精灵们与东方的关系,给他带来编剧灵感,使他不单编出一个仙王奥伯龙,还给仙王配上一位名叫泰坦妮亚的仙后,又给仙后添了一个她亲手抚养长大的印度男孩儿,即《梦》中的"小换童"。因孩子的母亲是泰坦妮亚的信徒,孩子一落生,母亲便死了,泰坦妮亚因此对孩子十分疼爱。所以,第二幕第一场,当奥伯龙向泰坦妮亚提出"我只不过想要你那个小换童,给我当侍从"。她不由分说当即回绝:"断了这个念想,用整个仙国也买不来这个孩子。"不过,从帕克嘴里,这个"漂亮男孩"是泰坦妮亚"刚从印度王那里""偷来的","她从前从没见过这么美的换童"。[2.1]对换童来历上的这个矛盾说法,只能有两个解释:第一,莎士比亚写戏匆忙,留下破绽;第二,作为仙王侍从的帕克,根本不了解换童的真实来历,只能胡诌一通。

莎士比亚由这个"奥伯龙"激发出来的灵感远不止这么一点儿,他不会放过任何给喜剧搞笑添乱、增加热闹的戏份,他突发奇想,安排提修斯和希波丽塔在结婚前,分别与仙后泰坦妮亚和仙王奥伯龙谈过情、说过爱。正因为此,当仙王、仙后这对冤家得知提修斯要大办婚宴时,各自从遥远的印度双双赶到雅典城外的森林,一见面就吵得不可开交,泰坦妮亚对奥伯龙劈头盖脸冷嘲热讽:"今天是什么风,把你从遥远的印度干草原吹到这儿来了?不用说,你是冲魁梧的亚马

三、《仲夏夜之梦》：一部"原创"的梦幻剧？

逊女王来的；你那位脚蹬半筒靴的情妇，英姿威武的爱人，马上要嫁给提修斯了；所以你来给他俩的婚床助兴、道喜。"奥伯龙不甘示弱，反唇相讥："泰坦妮亚，你怎能觍着脸用这种话，侮辱我和希波丽塔的好名声？这都因为你对提修斯的私情，我一清二楚。"［2.1］

尽管夫妻二仙彼此针尖麦芒酸言醋语，毕竟往日私情属于陈年旧账，可以扔一边，谁也别揭谁的短，但俩人为争夺"换童"结下的新怨，却把整个仙界闹得沸反盈天，小精灵们无人不知："他俩一见面就吵，吓得所有小精灵，心惊胆战爬进橡果的壳斗里去藏身。"［2.1］

实话实说，仙王、仙后"一见面就吵"，并非是莎士比亚的原创，是由乔叟《坎特伯雷故事集》第10卷"商人的故事"（The Merchant's tale）编创而来。

"故事"中的商人是一位贵族爵士，出生在意大利伦巴第（Lombardy）的帕维亚（Pavia），名叫冬月，60岁时尚未娶妻，但为满足肉欲，大半辈子找过不少女人。冬月老人一心想娶个妙龄少女，过上一夫一妻的婚姻生活，他觉得能有一个这样的妻子便是上帝的恩赐，这样的生活就是人间天堂。他如愿以偿，娶了身份卑微、年轻貌美的春月姑娘。可弯背的老人怎能给青春的女子带来欢愉。很快，春月与冬月的年轻侍从达米安（Damian）相爱，互递情书。偏偏天有不测风云，忽然间，冬月双目失明。他担心春月不忠，发誓宁愿一死，也一时一刻不离开她半步。春月当即立誓，以上帝作证，绝对忠贞不二。而此时，她已和达米安相约花园幽会。当瞎眼老夫和娇嫩少妻步入花园，来到达米安已坐在上面的那棵梨树下，春月哄骗冬月树上结了小小的绿梨，让他抱住树，好踩着他的背爬上去摘果子。冬月弯下腰，春月踩着他的背爬上树，达米安在上面接住她，然后掀起她的裙子。

一见这情景，冥王普路托（Pluto）立刻跟冥后普罗塞尔皮娜（Proserpine）围绕爱、性和夫妻关系等话题拌起嘴来，普路托指责女人水性杨花，惯于陷害男人，普罗塞尔皮娜则极力为女人的不贞行为辩护。冥王夫妇各执一词，互不相让，普路托说要运用威力，让冬月老人恢复视力，亲眼目睹春月跟达米安在树上做苟且之事；普罗塞尔皮娜反唇相讥，哪怕冬月亲眼所见那一幕，春月也能让那老头儿最终相信，一定是自己昏了头。

　　果不其然，当视力恢复正常的冬月老人真切地看到树上的男欢女爱，怒不可遏，痛骂春月大胆无礼，诅咒两人不得好死。结果，春月在树上听了，不急不慌，心平气和地劝慰他，说这是上帝出于一番好意，让她跟一个男子在树上玩耍，只有这样，才能治愈他失明的双眼。若冬月看到她与人苟且，这只能说明此法疗效不佳，还没使他完全恢复视力，一定是看模糊了。冬月说自己看得很清楚，得感谢上帝。春月马上接过话，说他昏了头，应该谢她，没她一片好心肠，他怎能恢复视力。冬月争辩，说似乎看见达米安搂着春月，春月的裙子盖住了达米安的胸部。春月回嘴，有上天圣母作证，有的人亲眼所见的事，实际却是另一回事；谁若看错，就会想错。说着，春月从树上跳下来。冬月高兴坏了，对她又吻又抱，轻抚着她，两人一起回到家中。

　　显然，莎士比亚对"故事"里冬月、春月之间的老少恋没啥兴趣，是"一见面就吵"的冥王夫妇令他灵光闪现，鹅毛笔一摇，把普路托和普罗塞尔皮娜变身为《梦》剧中的奥伯龙与泰坦妮亚，叫他俩见面就吵。同时，"故事"里的冥王夫妇独来独往，不够气派，得让《梦》剧中的仙王夫妻讲究排场。于是，奥伯龙尚未出场，他的侍从、小精灵帕克已先亮相，服侍泰坦妮亚的四小仙也提前替主人打前站。

　　小精灵帕克是使《梦》剧成为一部搞笑的欢闹喜剧的两个重要支点之一：剧中一切因爱的误会产生的笑闹，皆源于他把魔药错滴在了拉山德的眼里；另一个支点则源于奥伯龙将魔药滴在酣睡的泰坦妮亚眼里，使她一睁眼便爱上了驴头人身的"织工线轴"（朱生豪译为波顿，

三、《仲夏夜之梦》：一部"原创"的梦幻剧？

梁实秋译为线轴）。

莎士比亚赋予帕克一种远大于角色作用的戏剧功能：作为一个服侍仙王的小精灵，帕克的角色作用并不大，恰如他自己所说："我就是那快乐的夜游者。/ 我专为奥伯龙逗笑取乐。"[2.1]单就其角色作用，不过相当于那个时候现实世界或舞台上，雇养在宫廷或贵族之家的弄臣、小丑，但帕克的仙界出身，加之骨子里调皮捣蛋的那股顽劣劲儿，注定他必然会把拉山德当成狄米特律斯。帕克滴错魔药，是全剧的戏眼，可以说，是这个小精灵轻轻扇动着羽翼，揭开了这部欢闹喜剧的帷幕；《梦》剧之所以成为《梦》剧，全在于有帕克这么一个顽皮、搞怪的小精灵。

虽说帕克也并非莎士比亚原创，但他几乎属于英格兰原产。在盎格鲁—撒克逊时代（450—1150）的古英语中，"Puck"（帕克）还只是一个普通名字，在民间传说中指调皮捣蛋、有时喜欢搞恶作剧的精灵，即俗称的调皮鬼、捣蛋鬼之类，但性情偏属恶灵，并不时与魔鬼相联。到了16世纪，它有了一个人们熟知的名字——"Hobgoblin"（精灵大仙）和"Robin Goodfellow"（好人儿罗宾）。换言之，"精灵大仙"和"好人儿罗宾"成了帕克的别名，虽仍以恶搞擅长，却少了魔鬼性的恶意。

在此，顺便说两句"精灵大仙"和"好人儿罗宾"这两个名字的由来。"Hobgoblin"最初由两个词组成，"Goblin"是姓，"Hob"是名，"Hob"源出威尔士语，代表"灶台"，因此，它最早指的是"灶台边的精灵"。简言之，"Hob"是一个乡村小精灵的土名儿，一般认为是对"Robert"（罗伯特）这一正式名字的调侃昵称。而"Robin"这个从"Robert"派生出来的英文名，源于中古英语（即约1150—1500年间的英语），它取自古法语（1340—1611年间的法语）中的法语人名"Robin"。按《牛津英语辞典》，"Robin Goodfellow"（好人儿罗宾）这个称谓最早出现在1531年。

总之，到了莎士比亚时代，不论提及"帕克""精灵大仙""好人儿罗宾"这三个名字中的哪一个，都是指顽皮的小精灵、调皮怪，或捣蛋鬼。"第一对开本"的《梦》剧，人物表上注明的是："好人儿罗宾，又名帕克。"

事实上，从《梦》剧对好人儿罗宾（帕克）的刻画即可发现，帕克身上的许多精灵属性皆取自民间传说，比如，第二幕第一场，他自我炫耀具有变形的本领：为逗人发笑，假扮公马发出小母马的嘶鸣；有时为捉弄多嘴的老太婆，可以变成一只烤熟的野苹果，藏在她的酒杯里；为使坐凳子的人一屁股跌倒，还可以化作一只三角凳。再如，第三幕第二场，他发出的"嚯，嚯，嚯"的嘲笑声。又如，第五幕第二场，他"手拿一把扫帚"，受命先来，"要扫干净门后的尘埃"。同时，《梦》剧赋予帕克一种小而灵异的外形，比如，第二幕第一场，当泰坦妮亚身边的一个精灵侍从在林中第一次见到帕克，便说："从你这外形，要是我没认错，你便是那调皮捣蛋的鬼精灵，名叫好人儿罗宾。你就是他吗？"

对于莎士比亚塑造这个小精灵，一直有学者理所当然地认定，帕克是莎士比亚从雷金纳德·斯科特（Reginald Scott,1538—1599）1584年出版的《巫术的发现》（*The Discoverie of Witchcraft*）一书得到的启示。确实，斯科特对传说中的帕克的特性做了描述，但这些对于当时的人们来说，都已是耳熟能详的常识。何况，从他对待巫术的态度可见，他极不喜欢"好人儿罗宾"。正如他书中所言："迄今为止，对于人们来说，好人儿罗宾也好，精灵大仙也罢，都像现在的女巫一样，虽可怕，却又可信，在将来，一个女巫会大受嘲弄、轻蔑，就像人们能感知幻觉和好人儿罗宾的恶行一样。"

帕克是幸运的，尽管他所具有的那些超自然的本领，没一样是莎士比亚的发明，但从他进入《梦》剧的那一刻起，就注定了将被莎士

三、《仲夏夜之梦》：一部"原创"的梦幻剧?

比亚的戏剧和舞台（当时主要是舞台）激活，从而具有一种前所未有的仙灵异秉。正因为"好人儿罗宾"变形为莎士比亚笔下"快乐的夜游神"，帕克才有了不朽的生命，以至于莎士比亚的读者或者观众一提到帕克，眼前便会立即浮现出这个小精灵的艺术形象。

最后说一下，莎士比亚给仙后起了个好听的名字——"泰坦妮亚"（Titania）。这个名字所从何来？在古罗马诗人奥维德（Publius Ovidius Naso, 公元前43—公元17/18）取材于古希腊罗马神话的长诗《变形记》（*The Metamorphosis*）里，这是一个源于父名的名字。《变形记》在写到希腊神话传说中的人物，诸如女神皮拉（Pyrrha）、拉托娜（Latona）、狄安娜（Diana）和女巫赛丝（Circe）时，多次出现"泰坦妮亚"的名字，因为这几位神、巫都是她的后人。尽管于1567年首印，到1593年已第四次印刷的亚瑟·戈尔丁（Authur Golding, 1536—1606）的英译本《变形记》（*The Metamorphosis*）中，从未使用"泰坦妮亚"这个名字，但显然，莎士比亚对"泰坦妮亚"的拉丁名字十分熟悉。的确如此，莎士比亚对奥维德的《变形记》烂熟于心，《梦》剧中的戏中戏"皮拉摩斯和提斯比的故事"便源于此。

3. 皮拉摩斯和提斯比的故事

《梦》剧中的"皮拉摩斯和提斯比的故事"是一出搞笑的戏中戏，由六位丑角工匠联袂演出。第二幕第一场，六工匠在彼得-木块家碰头儿，木块出主意说："在公爵和公爵夫人结婚之夜，咱为他们插演一部戏，那是再合适不过了。"接着，便提议排演一出"最可悲的喜剧，以及皮拉摩斯和提斯比最惨烈的死"。说完，逐一分配角色、分发台词。第三幕第一场，六工匠在森林中排练。第五幕第一场，送审的节目单获得提修斯恩准，六工匠正式亮相，为婚宴之夜助兴演出。

稍微想一下，在"婚宴之夜"上演"最可悲的喜剧"实在搞笑，暂且不表。

在此，有必要对六工匠的中文译名做出说明，这对深入领悟、感受《梦》剧欢闹的愉悦气氛不无裨益。

朱生豪采取的是音译，比如，他将"Bottom"译为"波顿"；"Quince"译为"昆斯"；"Snug"译为"斯诺格"；"Snout"译为"斯诺特"。单从读音看，这四个译名按照音译似乎没啥问题，但把"Flute"译作"弗鲁特"，把"Starveling"译成"斯塔夫林"，问题随之而来。因为照字义，"Flute"明摆着是"笛子"，而"Starveling"一目了然是"挨饿的人"、"饿瘦了的人"，即"瘦鬼"或"瘦子"。

实际上，六工匠的名字均与其工种或身形相关联，"Quince"字义木块，木匠"Peter Quince"应名叫"彼得-木块"；"Bottom"字义线轴，乃织布工手里的工具，即缠绕纺线的轴的底儿或芯儿，因此织工"Nick Bottom"应叫"尼克-线轴"，或"织工线轴"；照这样，主要负责修理教堂管风琴风箱的修理匠"Francis Flute"，则应叫"弗朗西斯－笛子";那位能把木工活儿做得严丝合缝的细工工匠"Snug",叫他"服帖"比叫他"斯诺格"更为形象、妥帖;"Snout"字义白铁工人、补锅匠,"Tom Snout"名叫"汤姆－猪嘴儿"才有趣味;"Starveling"照字义,指人因吃不饱肚子,身形瘦小,骨瘦如柴,因此,"Robin Starveling"名叫"罗宾－瘦鬼",实在天衣合缝。诚然,一直有莎学家认为,这个角色起名叫"瘦鬼",其灵感来自当时莎士比亚所在的"内务大臣剧团"(Lord Charmberlain's Men),最早饰演这个角色的演员本人就是一个"瘦子",并因演瘦子出了名儿。

需要指出的是,梁实秋对六工匠的名字,取的字义。按梁、朱二译,六工匠的译名对应为:彼得－木块(昆斯);尼克－线轴(波顿);弗朗西斯－笛子(弗鲁特);服帖(斯诺格);汤姆－猪嘴儿(斯诺特);罗宾－瘦鬼(斯塔夫林)。

说完六工匠的名字,再说他们的搞笑剧——"皮拉摩斯和提斯比的故事"。"故事"详见奥维德的长诗《变形记》,简述如下:

在古巴比伦城,美少女提斯比与英俊少年皮拉摩斯两家比邻而居,仅一墙之隔。两人相爱,遭双方父母反对,每天隔墙互诉衷情。一日,两人约好在郊外亚述王尼努斯墓地相见,然后私奔。提斯比先到,见一刚吃了一头牛的雄狮满口淌血到河边饮水,吓得赶紧跑开,匆忙间将外套跑丢。饮完水的狮子,见到衣服,用嘴将其撕碎。皮拉摩斯到后,见血衣碎片,认定所爱之人已遭不测,遂拔剑自杀。待提斯比返回,见此惨状,便拿起恋人的剑刺进胸口。

毋庸讳言,莎士比亚对《变形记》十分熟悉,他对故事情节不仅能信手拈来,在其悲剧《罗密欧与朱丽叶》中,将奥维德笔下殉情的一对恋人"皮拉摩斯和提斯比","变形"为情死的一对爱侣"罗密欧与朱丽叶",还同时在《梦》剧中,通过六工匠的"变形"之手,硬是把这一悲情惨剧改成一出搞笑的娱乐节目,贡献给提修斯和希波丽塔的"婚宴之夜"。

其实,这只是表层次的搞笑,更深层的搞笑是《梦》剧中两个重要戏眼之二的桥段,即被奥伯龙点了魔药的仙后泰坦妮亚,一觉醒来爱上遭帕克捉弄而戴上驴头的织工线轴。

要说明的是,《梦》剧中"织工线轴"变形为"驴头线轴",至少直接得益于两个重要的原型故事。

第一个故事源自奥维德的《变形记》。莎士比亚应是从戈尔丁的《变形记》英译本读到这个故事的:贪财的愚蠢国王迈达斯(King Midas),因在一场音乐竞赛中裁决森林之神潘(Pan)胜过了太阳神阿波罗(Apollo),遭阿波罗惩罚,把他两只耳朵变成一对又长又大的驴耳朵,成了人形驴耳的怪物。1589年,作家、诗人、"大学才子派"剧作家约翰·莱利(John Lyly, 1553—1606)把这个故事改编成舞台喜剧《迈达斯》(Midas),1592年出版。莱利的剧本在写阿波罗击打"国王头上的驴耳朵"、迈达斯对自己的愚蠢懊悔不已这个地方,加了一条舞台提示"驴耳脱落"。到了《梦》剧中,莎士比亚则让小精灵帕克给线轴戴上一个驴头。

除了这个,《梦》根据剧情需要,不时出现对希腊罗马神话传说中故事细节的引申、化用,以及人物由此而生发的意象联想,其中许多都取自戈尔丁的英译本《变形记》,如第一幕第一场中"丘比特的金头箭";第二幕第一场中的"年迈的冬神"和"阿波罗与达芙妮",第二场中的"夜莺(菲洛梅拉)的故事";第五幕第一场中的"赫拉克勒斯与半人半马怪之战"、"色雷斯歌手(俄耳普斯)惨遭分尸"、"莎法洛斯和普洛克洛斯的故事",等等。另外,第五幕第一场,六工匠在合演搞笑的戏中戏"皮拉摩斯和提斯比的故事"时,台词中的"提斯比跑丢的外套""墙上的洞""尼努斯的墓""桑树"等意象,无一不是来自"故事"本身。

三、《仲夏夜之梦》：一部"原创"的梦幻剧?

另一个故事源自另一部《变形记》——古罗马作家鲁齐乌斯·阿普列乌斯（Lucius Apuleius, 124—180）具有魔幻浪漫情调的长篇小说《变形记》(The Metamorphosis)。这部小说在文艺复兴时期流传甚广，对近代欧洲小说的产生起了很大推动作用。因它写的是，一个赴希腊旅行的罗马青年鲁齐乌斯误服魔药，变成驴子之后的传奇经历，并凭驴之眼观察社会人情百态，以驴之心感受时代世态炎凉，最后皈依宗教得到救赎，从公元5世纪起，人们习惯称之为《金驴记》。

1566年，莎士比亚两岁的时候，由威廉·阿德林顿（William Adington）翻译的英文本《金驴记》（The Golden Ass）出版，此后于1571年、1582年、1596年三次重印，可见影响力之大。阿德林顿是使伊丽莎白时代的英格兰成为"翻译的黄金时代"的重要翻译家之一。

取材自希腊民间传说的《金驴记》[②]由此再看《梦》剧的情节设计，叫织工线轴变形为驴头人身，并让眼里滴了魔药的泰坦妮亚一觉醒来就迷恋上"驴头线轴"，这一堪称神来之笔的奇思妙构，更像是取自《金驴记》。

总之，对于莎士比亚，两位古罗马诗人、作家前辈的两部《变形记》，给他的这部《梦》剧，以及应同时在编剧的《罗密欧与朱丽叶》，提供了丰富的素材资源和灵感刺激。

以上说了这么多，自然引出一个问题：莎士比亚何以在《梦》中如此欢闹、搞笑？要回答这个问题，便避不开当时莎士比亚所属"内务大臣剧团"的同事、家喻户晓的丑角演员威廉·坎普（William Kemp, ?—1603），以及轻喜剧演员理查德·考利（Richard Cowley, ?—1619），特别是坎普，人们一般叫他威尔·坎普（Will Kemp）。

---

② 《金驴记》具体内容参见本书第34页第4段内容。

4. 丑角演员威尔·坎普与《梦》剧中的搞笑

坎普，这位伊丽莎白时代擅长喜剧，尤其粗俗的丑角（小丑）表演的演员、舞者，作为莎士比亚早期戏剧最早、也是其中最著名的演员之一，他的名字与包括福斯塔夫（Falstaff）在内的几个角色紧紧连在一起。福斯塔夫称得上莎士比亚最著名的历史剧《亨利四世》（上下部）中最迷人的喜剧角色，或许，福斯塔夫是莎士比亚专为坎普量身打造的。这已无从知晓，不过，坎普的确因演活了福斯塔夫及其他几个丑角，被同龄人视为上一代"伟大的小丑"、女王的弄臣理查德·塔尔顿（Richard Tarlton, ?—1588）的传人。这也应验了中国戏行里的一句老话："千旦易得，一丑难求。"

不知从何时起，开始流行这样一个说法：《亨利四世》（下篇）中的福斯塔夫太令人着迷了，把王座上观看演出的伊丽莎白女王逗得开心不已，凤颜大悦。演出一结束，女王便钦命莎士比亚务必 14 天之内，再写一部福斯塔夫坠入情网的戏。

显然，另一个说法更靠谱：1596 年底至 1597 年 1 月的某一天，女王观看了《亨利四世》（下篇），坎普饰演的福斯塔夫令她十分兴奋，她跟陪她看戏的表弟亨斯顿勋爵（Lord Hunsdon）乔治·卡里（George Carey, 1547—1603）说，她很乐意在一部新戏里看这个"老坏蛋"如何谈情说爱。

1597 年 3 月 17 日，亨斯顿勋爵被女王任命为内务大臣，成为"内务大臣剧团"新的庇护人。换言之，莎士比亚于 1594 年加入的这个剧团，其实成了"亨斯顿剧团"。因女王将在 4 月 23 日向亨斯顿勋爵颁发嘉德骑士勋章，这位勋爵表弟为讨女王表姐的欢心，命剧团编剧莎士比亚在三周之内，写出一部福斯塔夫"谈情说爱"的新戏。

三个礼拜之后，莎士比亚的奉命之作——欢快的五幕喜剧《温莎的快乐夫人们》(*The Merry Wives of Windsor*) 完稿交差，剧团迅速排练。4月23日，该剧在女王行宫温莎堡 (The Winsor Castle) 举行首演。顺便提一句，朱生豪将该剧译为《温莎的风流娘儿们》，无论"风流"，还是"娘儿们"，不仅不忠于原文，且极易令人产生歧义的联想。

既如此，先简单说两句女王喜欢的"福斯塔夫"这个角色。

时至今日，几乎可以这么说，凡对莎士比亚戏剧有点儿常识的人都知道，福斯塔夫是莎翁笔下最具标签性的喜剧人物之一，常与丹麦王子哈姆雷特和威尼斯商人夏洛克一起，并称莎剧三大最复杂的人物形象。遥想当年，一个饰演丑角的普通戏子能被女王喜欢，必有过人之处。

这是怎样一个戏子？简言之，坎普于1580年代中期出道，那时候，莎士比亚刚由斯特拉福德 (Stratford) 乡下来到伦敦不久，还没开始写戏。坎普在1594年与莎士比亚同年加入"内务大臣剧团"之前，跟过好几家剧团，曾远赴哈姆雷特的故事发生地、丹麦的埃尔西诺 (Elsinore) 进行巡演。或许，从未出过国的莎士比亚在酝酿动笔写《哈姆雷特》的时候，还曾向坎普打听过埃尔西诺。

不知是否跟女王对福斯塔夫的青睐有关，坎普的成功及在剧团的影响力在1598年达到顶峰，他是"内务大臣剧团"的五位核心演员之一，同莎士比亚和理查德·博比奇 (Richare Burbage, 1567—1619)、理查德·考利一起，都是剧团的股东。博比奇被视为第一个伟大的英国戏剧演员，是他那个时代"环球剧场"(The Globe) 最著名的演员。与莎士比亚和坎普一样，他也是1594年加入"内务大臣剧团"的。他和莎士比亚既是同事，更是至交好友，莎士比亚遗嘱中赠给三位演员每人26先令8便士买纪念戒指，他是其中一位。此是后话。

这里要特别指出的是，在当时"内务大臣剧团"租用"剧场剧院"（The Theatre）和"帷幕剧院"（The Curtain）不断进行商业演出的、位于伦敦东北郊的肖迪奇（Shoreditch）区，既年长、又资深的坎普，作为剧团台柱子级别的演员，声望远比编剧莎士比亚和演员博比奇大多了。毫不夸张地说，那时的伦敦人，尤其生活在底层喜欢看戏的三教九流中人，可能有不知道莎士比亚的，但对坎普则无人不晓。

也许可以这样推测，坎普得以大红大紫，不能说与演技无关。就以这个福斯塔夫为例，在《亨利四世》剧中，他是亨利四世的王子哈尔（Hal），即未来的亨利五世放荡的酒友，贪杯好色、蒙骗赖账、吹牛扯谎，也会顺手干打家劫舍的勾当。他是一名没落骑士，但在他身上，中世纪骑士那种勇敢和荣誉至尊的观念早已不见踪影。他虽整日沉湎声色享乐，却懂得如何靠溜须拍马、逗笑取乐来讨生活。要把这么一个福斯塔夫演活并讨得女王喜欢，没一点儿舞台真本事，恐难做到。

至此，不能不提一下1599年，"内务大臣剧团"终于在泰晤士河南岸的南华克（Southwark）区，建成了自己专属的"环球剧场"之前，经常在肖迪奇区演出。当时，位于伦敦东北郊的这片区域，堪称鱼龙混杂、藏污纳垢、淫秽放浪之所，酒馆、妓院、赌场林立，除了社会底层的居民，混迹于此的大都是酒徒、嫖客、妓女、流浪汉，以及一些不法之徒。试想，剧团要从这样一些卖浆者流的俗众手里挣票房，舞台表演如不走低俗路线，或者不能刻意迎合观众的粗鄙口味，势必曲高和寡、门可罗雀。

据记载，恰恰因为肖迪奇区有如此厚实的俗众根基，坎普的独门绝活儿——吉格舞（stage jigs）——有了用武之地。坎普是表演吉格舞的顶尖高手，这是肖迪奇区他的戏迷们爱死他的唯一理由，他们为他痴迷，为他疯狂。实际情形是，坎普的这些粉丝拥趸对正剧毫无兴趣，他们有的进剧场只为看坎普；还有的，会大致掐算好吉格舞的出场时间，

三、《仲夏夜之梦》：一部"原创"的梦幻剧？

稍微提前进场，看完抽身便走；更有只对吉格舞着迷入魔的，当得知某部戏中有坎普的吉格舞，并只在终场落幕前才表演，他们就专选那个时间点进场。

单从字面看，"吉格舞"有个"舞"字，似乎透出些雅气。实际上，它是源于 16 世纪意大利的"即兴喜剧"（The Commedia Dell' Arte）的英国变种。即兴喜剧，又称"假面喜剧"，有学者认为，其前身可追溯到古罗马的"滑稽剧"；也有学者认为，它是由中世纪卖唱的诗人、或民间艺人表演的短剧演变而来的。不管它所从何来，反正它在英国一扎根，便成为一种混杂着剧情台词、连说带唱、连蹦带跳的粗俗表演。用好听点儿的话说，它是一种略带情节、并配上肢体动作的滑稽喜剧，说穿了，它就是一种黄段子配上猥亵肢体动作的下流表演，一种"淫邪秀"。

吉格舞既可一人，也可多人演，最多不超过五个人。表演起来，按一定套路连唱带跳。坎普是吉格舞天才，他的吉格舞，无论淫邪台词，还是黄段子，有的亲手写，有的请人写，有的提前写好，有的则随兴之所至，在舞台上脱口而出，即兴表演。

今天的人们已难以想象，在莎士比亚成为"内务大臣剧团"的头牌编剧之前，剧团的摇钱树是以跳下流吉格舞出名的坎普。坎普的吉格舞名气很大，影响久远，以至于在他 1603 年去世以后，17 世纪一段跳得有声有色的吉格舞，还会被冠以"坎普式吉格"的名号。

更令奉莎剧为经典的后人难以想象的是，肖迪奇区的广大戏迷愿意自掏腰包，买票去"剧场剧院"或"帷幕剧院"观看"内务大臣剧团"上演的舞台剧，包括莎士比亚的早期戏剧，最主要的原因，并不是莎士比亚的影响力，而是坎普的丑角表演和吉格舞。

因此，只有理解了这一层，才能明白，当时对于整个剧团来说，在正剧中专为坎普设计适当的角色，甚至硬性插入由他表演的对某段正剧情节的戏仿或恶搞，尤其不无突兀地跳上一段与剧情没啥关联的吉格舞，是票房赢利的不二法门。哪怕莎士比亚心有不甘，但在他成为剧团的大腕编剧和影响力超过坎普之前，恐也只能遵循这条原则。所以，看那一个时期的莎剧，无论《无事生非》（*Much Ado About Nothing*）中的狱吏道格贝里（Dogberry）、《罗密欧与朱丽叶》（*Romeo and Juliet*）中的彼得（Peter），《爱的徒劳》（*Love's Labor's Lost*）中的考斯塔德（Costard），还是《威尼斯商人》（*The Merchant of Venice*）中的兰斯利特·高波（Lancelot Gobbo），《仲夏夜之梦》中的织工线轴（Bottom），这一系列丑角都是专为坎普量身定制的。诚然，从戏剧结构上看，至少像《罗密欧与朱丽叶》中的彼得和《威尼斯商人》中的兰斯利特·高波这两个人物，纯属画蛇添足的败笔。

尽管莎士比亚可能早就十二分讨厌坎普这个"蛇足"，但他非常明白，剧团搞的是商演，只有挣到钱，包括他在内的股东们才有红利可分，因而，无论坎普的吉格舞多么不伦不类、大煞风景，他和剧团都必须容忍、迁就、接受。比如，有一次，剧团演出《罗密欧与朱丽叶》，在剧终之前凄惨的悲情时刻，演到罗密欧和朱丽叶这对爱侣在墓穴殉情而死，空荡的舞台上只有两具尸体在悲悼爱的永恒时，坎普跳着吉格舞登场了。这段吉格舞的内容完全属于恶搞的狗血剧，坎普手舞足蹈，边唱边跳：罗密欧另有情妇，朱丽叶身怀六甲，肚子里种下了修道士的孩子。两人的殉情是做戏，目的是要骗家里的钱。

不过最终，1599年，在"环球剧场"落成开张之前，坎普离开了"内务大臣剧团"。迄今为止，没有任何材料显示，坎普究竟为何离开剧团。稍加分析，应有两种可能性：第一，主动离开。剧团搬到泰晤士河南岸以后，坎普意识到，那里的观众文化素养好，肯定不像肖迪奇区的俗众那样对吉格舞爱得发狂，如此，他将失去在剧团的影响力；第二，剧团排挤。剧团和莎士比亚意识到，假如剧团演出和编剧写戏，完全由坎普的丑角表演和他的吉格舞牵着鼻子走，剧场将沦为下流场所，戏剧之路也会前景渺茫。也就是说，是莎士比亚和剧团一起用力，把不合拍的坎普挤兑走了。因为在《亨利四世》（下部）演出结束前，福斯塔夫在面向观众说收场白的时候，还信誓旦旦地承诺，《亨利五世》将很快上演，剧中除了会有法国的凯瑟琳（Catherine）公主和收复法国的战争，还一定少不了大家喜欢的福斯塔夫。结果，1599年，在"环球剧场"落成后，开幕的第一场戏《亨利五世》中，福斯塔夫消失不见了。至少从剧本的角度可以说，莎士比亚把福斯塔夫从《亨利五世》里赶走了。

十分有趣，也颇有些诡异的是，坎普的离去，或干脆说被剧团抛弃，竟与福斯塔夫在《亨利四世》中的结局颇为相似。第五幕，福斯塔夫满心以为，在他曾整日陪伴的情同父子的昔日酒友哈尔王子当上新国王亨利五世之后，他终于可以鸡犬升天了。没想到，他换来的是亨利五世一顿绝情的犀利嘲讽："我不认识你，老头儿！开始祷告吧，白头发长在一个傻瓜和小丑的脑袋上，有多不相称！这样一个人在我梦里好久了，狂吃暴饮、浑身臃肿，那么老，那么恶俗。但我一觉醒来，便瞧不起我的梦了。"

情同此理，"这样一个"坎普，对于莎士比亚来说，不也是始终在梦里游荡吗？他"那么老，那么恶俗"，莎士比亚一觉醒来，便瞧不起自己的梦了！

1599年，对莎士比亚的戏剧写作而言是个分水岭，至少他写戏的时候，不会再被坎普这个丑角束缚手脚了。他的戏里依然有丑角，但这个丑角再也不是《威尼斯商人》和《仲夏夜之梦》中的闹丑，而是《第十二夜》和《皆大欢喜》里的喜丑，等到了《哈姆雷特》和《李尔王》中，则变成了具有强烈戏剧力的悲丑。

从演员的角度来说，"环球剧场"落成之后，英国戏剧才真正步入莎士比亚的时代，舞台同时进入了博比奇的时代。

5. "哈利昆"与舞台丑角

波兰学者、批评家扬·柯特（Jan Kott, 1914—2002）在其 1964 出版的名著《我们的同时代人莎士比亚》（Shakespeare, Our Contemporary）中，专章论及莎剧《李尔王》时，以李尔的弄臣"傻瓜"这个艺术形象为例，专门论析丑角在戏剧中的强大作用。

提起舞台丑角的起源，柯特说："最早的丑角叫'哈利昆'，半人半羊体，有动物性，兼具妖怪的魔性。因此，他经常脸遮黑面具，横冲乱闯，且变化多端，时空规律似乎对他毫无作用。他不仅能转眼之间变幻形体，还能同时在好几个地方现身。他是活灵活现的妖怪。在米兰皮考罗剧院上演的哥尔多尼的《一仆二主》里，'哈利昆'坐在木墩的一角，拔下一根头发，随意拉长缩短，从这只耳朵塞进去，再从另一只耳朵抽出来，或者把头发立在鼻尖上。'哈利昆'是个魔术师，虽身为仆人，却不服侍任何人，……他既嘲笑商人、情侣、公侯、士兵，也嘲笑爱情、野心、权力、金钱。表面上他似乎只比主人机灵那么一点儿，实际上却比主人聪明得多。他独来独往，因为在他眼里，人世间简直愚蠢透顶。"

建于 1947 年的米兰皮考罗剧院（Piccolo Teatro），是意大利第一家永久剧院。由此可见，生于 20 世纪初的柯特，恐怕最早也是在 20 世纪中叶的戏剧舞台，有缘见到哥尔多尼 18 世纪中叶创作的《一仆二主》里的"哈利昆"。

从柯特的书名不难看出，他这位波兰人，对 16、17 世纪英国的莎士比亚，以及 18 世纪意大利的哥尔多尼，一点也不陌生，把他俩都视为"我们的同时代人"。事实上，在文学可以永生这个意义上，莎士

三、《仲夏夜之梦》：一部"原创"的梦幻剧?

比亚和哥尔多尼，尤其前者，始终都是"我们的同时代人"。这又再一次应验了与莎士比亚同时代的英国戏剧诗人本·琼森（Ben Jonson, 1572—1637）的那句著名话语："他（莎士比亚）不属于一个时代，他属于千秋万代。"

论及"哈利昆"，必须在此交代几句。

"哈利昆"（Harlequin）一词源出文艺复兴时期意大利"即兴喜剧"中的"赞尼"（Zanni）。"赞尼"像"哈利昆"一样，并非剧中人物的名字，而是即兴喜剧中类型化的"舞台丑角"。"赞尼"最早出现在14世纪意大利的喜剧表演中，角色主要有机敏伶俐的仆人和魔术师两类。

"赞尼"一词来自乡间土语，它的意大利文拼写是"Zanni"或"Zani"或"Zane"。意大利的语言在伊丽莎白女王的父王亨利八世（Henry Ⅷ, 1491—1547）时代传入英国，英文"Zany"一词即源于"Zanni"。今天，作为名词的"Zany"，指"小丑"或"笨人"，形容词则有"滑稽的"、"古怪的"之意，而在当时那个遥远的时代，"Zany"特指喜剧或杂耍表演中模仿主角的小丑。换言之，"哈利昆"是"赞尼"的升级版。从这点来看，柯特显然忽略了辈分比"哈利昆"更为尊长的"赞尼"的存在。

这里，又必须提到意大利传统"即兴喜剧"演员、享有"丑角大师"（Master of Harlequins）之誉的特里斯塔诺·马丁内利（Tristano Martinelli, 1556—1630）。

1584年，马丁内利在巴黎狂欢节上，为他表演的"即兴喜剧"中的丑角（"赞尼"），取了个源自法国民间传说中的魔鬼的名字，叫"哈利昆"。"哈利昆"身上的妖魔性，或由此而来。狂欢节上的这个"哈利昆"，身穿打满补丁的杂色亚麻衣裤；帽子上系一根兔子尾巴，以示自己怯懦胆小；脸遮皮质半截面罩；鼻子下两撇八字胡；下巴上一撮山羊胡。

马丁内利可能是第一个将舞台上的丑角命名为"哈利昆"的演员，同时，他也是他那个时代最著名的"哈利昆"。在他1630年去世以后，"哈利昆"成为舞台上一种定型的滑稽丑角。到了18世纪，现代喜剧创始人、意大利剧作家、歌词作者卡尔洛·哥尔多尼（Carlo Goldoni, 1707—1793），开始对"即兴喜剧"的演出形式进行改造，并于1746年创作出他的喜剧杰作《一仆二主》（Servent of Two Masters），其中那位丑角仆人特鲁法尔迪诺（Truffaldinos），便是扬·柯特所说的滑稽仆人丑角"哈利昆"。

颇为有趣的是，"哈利昆"的意大利语拼写是 Arlecchino，法语是 Arlequin，古法语的拼写是 Harlequin，与后来的英文 Harlequin，在字母拼写上不差分毫。或可以说，"哈利昆"是意大利即兴喜剧中的"赞尼"与法国民间传说中的魔鬼"哈利昆"结合生出的混血儿。

"哈利昆"与莎剧中的丑角有什么关系吗？

扬·柯特在《我们的同时代人莎士比亚》一书中，紧接上述那段引文，进而指出："《仲夏夜之梦》里顽皮、善良的帕克，是英国民间传说中常出现的小妖，但他也是意大利文艺复兴时期喜剧中的'哈利昆'，一个变化无常的艺术家、魔术师，是错中错的喜剧的制造者。他乱点姻缘，叫泰坦妮亚爱上驴头。事实上，他把他们都变得滑稽可笑：奥伯龙和泰坦妮亚可笑，赫米娅与拉山德、海伦娜与德米特律斯同样可笑。他暴露爱情的愚蠢。……他喜欢搞恶作剧，却浑不知自己都做了什么。所以，他可以像'哈利昆'一样，在舞台上翻筋斗。……插科打诨不只是一种哲学，同时还是一种舞台技术。"

从时间上不难看清两点：第一，1584年，当马丁内利在巴黎把他表演的舞台丑角命名为"哈利昆"时，20岁的莎士比亚可能刚在家乡斯特拉福德镇看过一场巡演剧团的演出，对戏剧写作和舞台演出完全

三、《仲夏夜之梦》：一部"原创"的梦幻剧？

摸不到门儿。第二，当"哈利昆"在 1630 年以后，成为舞台上定型的滑稽丑角之时，莎士比亚已仙逝多年。

因此，单凭《仲夏夜之梦》里的小精灵帕克是仙王奥伯龙的侍从（仆人），是一个"错中错的喜剧的制造者。他乱点鸳鸯，叫泰坦妮亚爱上驴头"来看，他似乎是《一仆二主》里特鲁法尔迪诺式的滑稽仆人丑角"哈利昆"。但显然，帕克不是丑角，作为戏剧人物，他是舞台上仙界的小精灵调皮鬼不假，同时，他更是舞台上提升戏剧力的一个艺术精灵。从其自身的滑稽搞笑来看，充其量只能说，在这个英国民间传说中的小妖身上，或有一些意大利舞台丑角"哈利昆"的血统。

诚然，若撇开"哈利昆"的魔性，而只把他作为定型的舞台滑稽丑角来看，把《梦》剧中的织工线轴（驴头）和小精灵帕克两相比较，显然前者更是一个名副其实的"哈利昆"。颇为异曲同工的是，尽管《仲夏夜之梦》并非莎士比亚特为当时剧团里最具票房影响力的大腕演员威尔·坎普而写，织工线轴（驴头）这个丑角却是专为坎普私人订制；而《一仆二主》的创作初衷，则是哥尔多尼应当时著名的即兴喜剧演员安东尼奥·萨科（Antonio Sacco, 1708—1788）的请求所写，萨科也因此成为舞台表演史上最伟大的特鲁法尔迪诺（或曰"哈利昆"）之一。

总而言之，"哈利昆"不失为研究、分析莎剧丑角形象的一个视角，毕竟比起即兴喜剧中这个定型的丑角"哈利昆"，莎剧舞台上的丑角已拓展为"小丑"、"弄臣"、"傻瓜"（"愚人"）。他们，无论是《皆大欢喜》里的试金石、《第十二夜》里的费斯特，还是《哈姆雷特》里的小丑、《李尔王》里的傻瓜，都比"哈利昆"丰富、精彩多了！

四

《皆大欢喜》：
《加米林的故事》和洛奇的《罗莎琳德》

1. 关于取材

《皆大欢喜》的剧情,主要源自伊丽莎白时代和詹姆斯一世时代的内科医师、作家托马斯·洛奇(Thomas Lodge, 1558—1625),于 1590 年印行的脍炙人口的散文故事《罗莎琳德:尤弗伊斯的珍贵遗产》(*Rosalynde, Euphues Golden Legacie*,以下简称《罗莎琳德》)。这个"故事",或称牧歌式传奇,是洛奇从英国航海至非洲西北部的加纳利群岛途中写成的。它的"原型"是 1350 年左右用中古英语写成的一首部分取材自英格兰的 900 行长诗《加米林的故事》(*Tale of Gamelyn*)。一度有学者误以为这首长诗是杰弗里·乔叟(Geoffery Chaucer, 1340—1400)的作品。乔叟被视为英国中世纪最伟大的诗人,享有"英国诗歌之父"的美誉。另有学者揣测,这首作者不详、可称之"传奇"或"演义"的长诗,乔叟曾有意将它改写,然后收入诗体短篇小说集《坎特伯雷故事集》(*The Canterbury Tales*)中的第四篇"厨师的故事"(*Cook's Tale*)。

这篇关于加米林的"传奇"故事,发生在英格兰爱德华一世国王(King Edward I, 1272—1307)统治期间。像绿林英雄罗宾汉的故事一样,这个故事讲述"绿林"好汉加米林经历许多苦难,克服许多阻碍,终于从哥哥那里得到了合法继承权。故事直面法律腐败、阐明道德以及政治一致性的缺失。故事从头至尾没出现一个地名,从中也看不出故事发生的具体地点。而"邦迪斯(Boundys)的加米林家族"这一名号,极有可能是"一种边界"(a type of boundary)的预示。

四、《皆大欢喜》:"加米林的故事"和洛奇的《罗莎琳德》

2.《加米林的故事》

《加米林的故事》以邦迪斯的约翰爵士(Sir John of Boundys)处于弥留之际开篇。约翰爵士自知死期临近,要聪明的骑士帮他为三个儿子划分土地,并特别提到要让小儿子加米林平等地得到一份土地。然而,骑士无视约翰爵士(Sir John)的遗愿,决定把其所有财产都分给大儿子、二儿子,以加米林年龄太小为由,将他排除在财产分配之外。约翰爵士听了骑士的决定,非常生气,反复念叨,他要把财产平分给三个儿子。可是,约翰爵士一死,大儿子约翰(Johan)便向可爱的加米林提出一项新协议:由于加米林尚未成年,约翰享有他的继承权,作为回报,约翰为加米林提供衣服和食物。久而久之,加米林意识到自己成了愚蠢的牺牲品,大哥的这份协议极不公平,简直无法容忍。加米林向约翰讨公道,兄弟间爆发了冲突,这直接导致加米林要去和一位摔跤冠军进行一场摔跤比赛。加米林听说有不少冒险者向摔跤手挑战,而且有位乡绅的两个儿子都在摔跤比赛时死于非命,他觉得这是显示自身价值的机会,因为比赛的胜者将赢得一头公羊和一枚金戒指。

加米林赢了,得到奖品。约翰十分惊慌,给城堡大门上了闩,把加米林关在门外。加米林撞开大门,对仆人们说,他有大量葡萄酒,城堡已由他接管。加米林过了八天舒服日子,约翰开始反击报复,他命仆人用锁链把加米林绑起来,罚站两天,并不给吃喝。加米林变得十分虚弱,面色苍白。

家中有位叫亚当·斯宾塞(Adam Spencer)的仆人,了解到加米林的情形,决定帮他一把。他把加米林带到一间屋里,给他吃的,还替他想出一条妙计。他告诉加米林,约翰将在星期天举行一个宴会,招待几位牧师。他让加米林戴着锁链出现在他们眼前，央求他们把他放了。

宴会那天，加米林把计划付诸实施：牧师们正在用餐，他开始大喊大叫。然而，牧师们对他要求释放自己的绝望请求无动于衷。盛怒之下，加米林奋力挣脱锁链，冲进大厅，希望找到一件武器。他抓起一根棍子，朝那几个牧师没头没脑一顿痛打。

很快，当地治安官得知这里发生了骚乱。由于加米林和亚当打破了（中世纪英格兰）国王赐予的安宁，治安官决心把他俩抓捕归案。治安官还没到，先来了24个人要拘押加米林和亚当。两人为逃避法律，躲进了森林。

在森林里，两人遇到一群逃亡者，便马上参与到他们的行动中，主要是对过往牧师实施拦路抢劫。不久，加米林的违法活动引起注意，被人发现后，遭到逮捕。

奥托（Otho）是加米林的二哥，跟大哥约翰有过争执，他一听说加米林被捕，便想尽办法让弟弟获得自由。他先去找约翰，恳求他看在手足兄弟的情分上，不要监禁加米林。约翰断然拒绝，坚持囚禁加米林，直到开庭审判。奥托不甘心，提出要当弟弟的保释人。约翰的条件是，假如加米林不能出席庭审，奥托必须承担责任。奥托同意了。加米林随后获释，与奥托一起骑马来到奥托的家。第二天清晨，加米林恳请奥托让他进入森林，去看看他那些好友都在做什么。奥托说行，但他要加米林答应，一不能挑起任何麻烦，二必须准时出席庭审。加米林冒险进入森林，但等他原路返回时，时间已超过预期。

而且随着时间推移，加米林意识到，他把对奥托的承诺忘得一干二净，庭审的日子已经到来。于是，他召集奥托的朋友们，一起冒险来到庭审地点。当着爱德华国王的面,加米林把整个案情经过详述一遍。考虑到加米林遭受的所有不公，国王不仅既往不咎，还赦免了他和奥

四、《皆大欢喜》:"加米林的故事"和洛奇的《罗莎琳德》

托的所有朋友。

故事临近结束,因奥托没有子嗣,加米林被确认为奥托的财产继承人。而且,两人享受到国王赐予的官衔:奥托成为一个郡的治安官,加米林成为所有自由森林的林务主管。此后,加米林娶了一位美女为妻,他和奥托过上安宁、快乐的幸福生活。

3. 剧名的由来

无从考证，莎士比亚是否读过《加米林的故事》。但显而易见，《皆大欢喜》中奥兰多与大哥奥利弗之间紧张的兄弟关系、奥兰多遭受的所有不公、摔跤比赛，以及跟随奥兰多的仆人也叫亚当（Adam）等多处细节，均与《加米林的故事》相似，反与《罗莎琳德》的"故事"有所不同。这种相似或只出于巧合。但让人一目了然的是，《加米林的故事》除在结尾出现的加米林所娶的美貌妻子外，全篇并无女主角。由此亦可推断，《皆大欢喜》中妙趣横生的爱情场景，全部取自洛奇的"故事"。而且，莎士比亚给自己的女主角起名叫"罗莎琳德"（Rosalind），与洛奇的"罗莎琳德"（Rosalynde）只有拼写上两个字母的不同。

这里顺便提一下"皆大欢喜"这个剧名。先从英文看，As You Like It，显然译为"如你所愿"或"如君所愿"，甚或"随你喜欢"，会更为妥帖。梁实秋即将此译为《如愿》，在梁译莎剧全集里，他将 All's Well That Ends Well 译为《皆大欢喜》，朱生豪则将该剧译为《终成眷属》。所以，朱生豪的《皆大欢喜》是梁实秋的《如愿》；梁实秋的《皆大欢喜》是朱生豪的《终成眷属》。从翻译时间上看，朱生豪中译在前，且"皆大欢喜"早已在中国大陆的莎剧读者中先入为主，故此沿用朱译。从整个剧情看，倒可以把这三个喜气盈盈的词串起来，即喜剧中的多对情侣，最终都"皆大欢喜"，"如愿"地"终成眷属"。

暂时撇开"皆大欢喜"这一先入为主的汉字成语，来看莎士比亚何以要把这部喜剧命名为 As You Like It（如你所愿）。洛奇在《罗莎琳德》开篇卷首，有致读者诸君的一句话："各位读者，此书由一位武夫、水手写于航海途中，每一行文字都漾着海水，每一种情感都有

四、《皆大欢喜》:"加米林的故事"和洛奇的《罗莎琳德》

暴风雨侵袭。若蒙各位喜欢,那便最好(If you like it, so...)。"莎士比亚或由此获得灵感,只顺手把 If(假如;如果)改为 As(如;随),剧名 As You Like It 应运而生,言外之意是:"我的戏写在这儿,各位是否满意,我不得而知。若能如你所愿,那便最好。"也可通俗明了地说:"随便你喜欢好了。"

4. 洛奇的《罗莎琳德》

洛奇的这部"田园传奇"情节不复杂,简述如下:

波尔多的约翰爵士(Sir John of Bordeaux)是位富人,他有三个儿子:长子萨拉丁(Saladyne),次子费南丁(Fernandyne),小儿子罗萨德(Rosader)。费南丁外出求学,萨拉丁将父亲要他照顾罗萨德的遗嘱弃之脑后,对弟弟百般虐待。弟弟决心不再受辱,同哥哥据理力争。哥哥设法安排摔跤比赛,试图叫著名的摔跤手杀死弟弟。

观看摔跤比赛的有篡位的国王托里斯蒙德(Torismond)和女儿艾琳达(Alinda),还有已流亡阿登森林的合法国王吉拉斯蒙德(Gerismond)的女儿罗莎琳德(Rosalynde)。结果,罗萨德在比赛中将对手杀死。回家后,萨拉丁不让罗萨德进门。幸好得到忠实的老仆人亚当(Adam)出手相助,罗萨德躲过一劫。

托里斯蒙德国王无法忍受人们赞美罗莎琳德,尤其是当他发现罗莎琳德爱上了罗萨德时,便把她逐出了王宫。艾琳达要跟罗莎琳德在一起,也一同被逐。

罗莎琳德女扮男装,化名加尼米德(Ganymede),艾琳达改名阿莲娜(Aliena),两人在前往阿登森林的路上,遇到牧羊人,买下一处农场。

罗萨德和亚当在逃往森林的途中迷路,亚当疲惫不堪,昏倒在地。罗萨德手持利剑寻找猎物时,发现有一群人正在用餐,他们对他十分友善,热情招呼他吃饭,随后他把亚当搀扶过来共餐。这些人的首领正是流亡的吉拉斯蒙德国王,当国王听说罗萨德是好友约翰爵士的小儿子时,便让他留下来。

四、《皆大欢喜》:"加米林的故事"和洛奇的《罗莎琳德》

托里斯蒙德想攫取约翰爵士遗留的全部财产,便下令逮捕萨拉丁,先把他投入监狱,继而又将他流放。流放中的萨拉丁幡然悔悟,打算去寻找小弟罗萨德。

此时,罗萨德正饱含深情地在森林的许多树皮上,刻着赞美罗莎琳德的诗句,与加尼米德不期而遇。加尼米德叫罗萨德戏称自己为罗莎琳德,罗萨德欣然首肯。

萨拉丁在一片林中酣睡,一只饥饿的狮子正欲扑来,刚好被罗萨德撞见。罗萨德打伤狮子,救了哥哥一命。兄弟二人尽弃前嫌,言归于好。

罗萨德把救哥哥的经过讲给加尼米德和阿莲娜听,正在这时,来了一伙强盗,要绑架阿莲娜,把她献给托里斯蒙德国王。双方动起手来。危急时刻,萨拉丁赶到,兄弟联手将贼人打败。阿莲娜获救,与萨拉丁相爱。

与此同时,牧羊女菲比(Phoebe)对向自己求爱的情人蒙塔纳斯(Montanus)不屑一顾,却对加尼米德一往情深,并给"他"写了一封痴情似火的求爱信。最后,由流亡的吉拉斯蒙德国王做主,三对情侣各遂所愿,终成眷属,皆大欢喜。

终于,二十路诸侯共同起兵,讨伐托里斯蒙德。生死对决中,流亡的吉拉斯蒙德杀死了篡位的托里斯蒙德,返回巴黎,重归王座,分封众卿,君临天下。

5. 从《罗莎琳德》到《皆大欢喜》

显而易见，洛奇对《加米林的故事》进行了改写，他将故事发生地设置在法国，增加了"流亡阿登森林"的国王吉拉斯蒙德。因此，洛奇笔下的森林位于法国北部的阿登（Ardenne）高地。

除此，洛奇增加了三对情人之间牧歌般的浪漫爱情：罗萨德与罗莎琳德，萨拉丁与艾琳达，蒙塔纳斯与菲比。《皆大欢喜》中与之对应的三对恋人是：奥兰多与罗莎琳德，奥利弗与西莉亚，西尔维厄斯与菲比。

在此顺便一提，有种说法认为，莎士比亚为《皆大欢喜》的女一号起名"罗莎琳德"，是为唤起和留住儿时的甜美记忆。他六岁时，有一个跟他两小无猜，玩得非常开心、投缘的小女孩，名字就叫"罗莎琳德"（Rosalind）。

西尔维厄斯与菲比这对恋人，显然出于田园牧歌这一传统。牧歌可以从与莎士比亚同时代的诗人菲利普·西德尼（Phillip Sidney, 1554—1586）的《阿卡狄亚》（Arcadia）、埃德蒙·斯宾塞（Edmund Spencer, 1552—1599）的《牧人月历》（Spepheardes Calender），上溯到古罗马伟大的拉丁语诗人维吉尔（Virgil, 公元前70—公元前19）的《牧歌》[Eclogues（或 Bucolics）]，直至公元前270年去世的古希腊诗人、牧歌创始人西奥克里托斯（Theocritus）的《田园诗集》（Idylls）。

需要指出的是，西德尼写于1580至1581年间的《阿卡狄亚》，激起一些诗人、作家描写理想世界的兴趣，在他们眼里，这样的理想世界就在纯洁牧羊人牧歌般的田园景色之中。受此影响，洛奇把蒙塔纳斯与菲比辩论的诗节当成"牧歌"来写，罗萨德向罗莎琳德求婚那

四、《皆大欢喜》:"加米林的故事"和洛奇的《罗莎琳德》

一段诗节,也是牧歌。

洛奇的"故事",像《皆大欢喜》一样,无论是在宫廷,还是在两个贵族兄弟之间,无论是在一场摔跤比赛里还是在流放者的森林,无论是在装扮成加尼米德的罗莎琳德的求婚中还是在菲比对情人傲慢无礼的蔑视中,无论是在罗萨德从狮子嘴边救下哥哥一命的惊险过程中还是在萨拉丁和艾琳达的求婚中,甚至在被放逐的国王恢复王权的过程中,敌意都无处不在。然而,意味深长的是,莎士比亚切除了洛奇的暴力叙事:《皆大欢喜》中,奥兰多只是把摔跤对手查尔斯摔伤,并未弄死他;西莉亚也不像艾琳达那样遭强盗绑架,并欲献给她贪淫好色的父亲;莎士比亚以一场不可思议的剧情转换,即用率军征讨流亡老公爵的篡位公爵受高人指点突下决心隐居修行,替代了洛奇笔下篡位国王被流亡国王所杀的那场血腥的生死对决。

具体看几处对比。莎士比亚只让奥兰多得到"区区一千金币"[1.2],而洛奇却让最小的三儿子罗萨德从临死的父亲那儿,跟两个哥哥得的一样多。这自然勾起萨拉丁的发家欲望。而在莎士比亚笔下,奥利弗憎恨弟弟奥兰多,没有任何心理动因。洛奇笔下的亚当,虽年老,却很强壮,可以凭一把力气帮罗萨德从哥哥身边逃走;莎士比亚的亚当却是年老体弱。除此,与洛奇不同,莎士比亚在剧中设计出更多由性别带来的复杂的游戏。他还增加了两个主要人物,杰奎斯、试金石,以及一些次要人物,老公爵的侍臣阿米恩斯、乡人威廉、牧羊女奥黛丽、马尔泰克斯牧师、篡位公爵的朝臣勒·博等。

洛奇文本的情景叙事,是那种流行一时的"尤弗伊斯体"(即"绮丽体")文风。它由作家、诗人、"大学才子派"剧作家约翰·莱利(John Lyly, 1553—1606)在其 1579 年春出版的散文传奇《尤弗伊斯:智慧的解剖》(*Euphues:The Anatomy of Wit*) 中创立,"尤弗伊斯体"即因此得名。后人将此称为一种矫揉造作、过分追求高雅的文体,语言浮华、绮丽,以头韵、对句和明喻为特点。1580 年,莱利又以这种文体写作、出版了小说《尤弗伊斯和他的英格兰》(Euphues and his England)。

从《皆大欢喜》的文本叙事看,它套用的是洛奇的故事,但从其不时流露出对"绮丽体"的嘲讽口吻看,却与戏剧家、诗人、讽刺作家托马斯·纳什(Thomas Nashe, 1567—1601)1599 年出版的《四旬斋那些事儿》(Lenten Stuff)一书的文风更为相像。还有,《皆大欢喜》中对罗莎琳德和西莉亚这对堂姐妹的塑造,同西德尼的长篇浪漫传奇《老阿卡狄亚》[Old Arcadia(即《彭布洛克伯爵夫人的阿卡狄亚》The Countess of Pembroke's Arcadia)]中的帕梅拉(Pamela)和菲洛克丽(Philoclea),人物形象有所相似。诚然,《皆大欢喜》在修辞技巧上,也对《四旬斋那些事儿》和《老阿卡狄亚》有所借鉴。

另外,《皆大欢喜》中有些场景和结构与莱利的一些舞台剧,如喜剧《格莱希亚》(Gallathea)也有相似处。1588 年元旦,这部喜剧在格林威治宫(Greenwich Palace)为伊丽莎白女王演出。1585 年 4 月 1 日,它在伦敦书业公会注册时登记的剧名是《塔特鲁什和格莱希亚》(Titirus and Gallathea)。1592 年,它以四开本形式首印。剧中人物包括罗马神话中爱与美的女神维纳斯(Venus)、小爱神丘比特(Cupid)、海神尼普顿(Neptune)、月亮和狩猎女神狄安娜(Diana)。显然,莎士比亚对《格莱希亚》并不陌生,只是他在《皆大欢喜》中,除了婚姻女神"海门"(Hymen),没让那么多神话人物下凡。

再者,《皆大欢喜》中的第三个牧人形象科林,很可能源自佚名作者的传奇剧《克莱芒和克莱美德斯爵士》(Syr Clyomon and Clamydes)。莎士比亚对这部伊丽莎白时代早期非常有名的舞台剧不应陌生,它初版印行在 1599 年,但 1570 年之前已经完稿。书的题目页上赫然印着,该剧由"女王剧团"(Queen's Men)演出。

该剧讲述斯特兰奇湿地(Strange Marshes)国王的女儿尼罗尼斯

四、《皆大欢喜》:"加米林的故事"和洛奇的《罗莎琳德》

(Neronis)爱上克莱芒爵士,而挪威国王是克莱芒爵士的情敌,他掳走了尼罗尼斯。尼罗尼斯逃出后,一身男装,来到一片荒凉之地,遇见一位名叫科林(Corin)的牧羊人,甘愿服侍她。这个科林能讲一口"玛迈塞特方言"(Mummerset),同《皆大欢喜》中的牧羊人科林一比,更有几分像乡下人威廉。"玛迈塞特方言"是一种由舞台上饰演乡下人和小丑的演员,虚构出来的英格兰西部乡村的方言。

尼罗尼斯深信克莱芒爵士已经遇害,痛不欲生。而事实是,克莱芒爵士杀死了挪威国王。尼罗尼斯被一位来自"天国剧场"自称上帝后裔的人,从绝望中拯救过来。后来,她与克莱芒爵士相遇,因两人都化了装,彼此无法相认。直到尼罗尼斯向克莱芒爵士道出真相,两人百感交集,结为伉俪,才终算完成了大冒险。

不过,在莎学家看来,不仅从语言上看不出《皆大欢喜》对该剧有何借用痕迹,而且它的剧情也属于老生常谈,一点不新鲜。因此,可以断言,除去"科林"这个牧羊人的名字,《克莱芒和克莱美德斯爵士》根本没为《皆大欢喜》提供什么别的材料。

最后补充一点,1598年,莎士比亚所属"内务大臣剧团"的主要竞争对手"海军大臣剧团"(Admiral's Men),分别在玫瑰剧场(Rose Theatre)和宫廷上演过两部有关罗宾汉传奇的舞台剧,一部是由剧作家、多面手作家安东尼·芒迪(Anthony Munday, 1560—1633)编剧的《罗伯特·亨廷顿伯爵之没落》(*The Downfall of Robert Earl of Huntingdon*),一部是由芒迪和另一位剧作家、多面手作家亨利·切特尔(Hentry Chettle, 1564—1606)合作编剧(很可能是芒迪在切特尔帮助下完成)的《罗伯特·亨廷顿伯爵之死》(*The Death of Robert Earl of Huntingdon*)。两部舞台剧中都有流亡者富于田园情调的歌唱场景,这样的细节可能对莎士比亚在《皆大欢喜》里设置森林中的唱歌场景,产生了启发。

学者和批评家们对这两部戏在罗宾汉传奇演变中所处的位置作了研究，发现芒迪是第一个认定罗宾汉便是亨廷顿伯爵的人。

在此，顺便说说在英格兰贵族中被创造了好几次的"亨廷顿伯爵"。这个在1065年创作出来的中世纪的伯爵头衔，最早和苏格兰国王大卫一世（David Ⅰ of Scodland, 1085—1153）于1124年创立的苏格兰王室有关联。1529年，是它第七次、也是最后一次被创作出来。在英格兰民间传说中，这个头衔不时与罗宾汉联系在一起。

1529年之后，"亨廷顿伯爵"成为世袭贵族称号。目前，这个创作出来的贵族头衔的持有者，已是第17代亨廷顿伯爵，他的全称是"威廉·爱德华·罗宾汉·哈斯廷·巴斯"（William Edward Robin Hood Hastings-Bass）。这位生于1948年1月30日的伯爵，曾当过伊丽莎白二世女王（Queen Elizabeth Ⅱ）的赛马师。

四、《皆大欢喜》:"加米林的故事"和洛奇的《罗莎琳德》

位于斯特拉福德亨利街街口《皆大欢喜》中的小丑"试金石"雕像

五

《第十二夜》:《欺骗》与里奇"西拉的故事"

1. 曼宁厄姆的日记

据曼宁厄姆1602年2月2日"圣烛节"那天的日记记载,《第十二夜》"剧情很像《错误的喜剧》(Commedy of Errores)或普劳图斯(Plautus)的《孪生兄弟》(Menechmi)"。

普劳图斯(约公元前254—184)是古拉丁文时代最重要的罗马喜剧作家,其传世之作充满了滑稽笑料的五幕误会喜剧《孪生兄弟》,对文艺复兴时期的英国戏剧产生了一定影响,莎士比亚1592年创作的喜剧《错误的喜剧》,从整个剧情看,基本是对《孪生兄弟》的全盘模仿。相较而言,《第十二夜》才更像是莎士比亚的喜剧,《错误的喜剧》不过是他早期幼稚的戏仿之作。

这里,不妨把《孪生兄弟》的剧情简述一下:

住在锡拉库扎(Syracuse,今西西里东部一港口城市)的商人莫斯霍斯生下一对孪生子,梅内克缪斯和索西克莱斯。在这对孪生子年少之时,莫斯霍斯决定带梅内克缪斯跟他一起出去经商。途中,梅内克缪斯被住在埃庇丹努斯[Epidamnus,古希腊城市,位于伊利里亚(Illyria)境内,即今阿尔巴尼亚境内的都拉斯(Durres),是亚得里亚海岸边的商业中心之一。]的一位商人拐走、收养。父亲忧伤而死。祖父把留在家里的孙子索西克莱斯的名字,改成梅内克缪斯。孪生子成年以后,锡拉库扎的梅内克缪斯要去寻找失散多年的兄弟。一天,他来到埃庇丹努斯,他并不知道,他的孪生兄弟就住在这里,而且他这位孪生兄弟,除了有一个醋性十足的妻子,还有一个性欲似火的妓女邻居。一句话,这位兄弟的妓女邻居、妻子、老丈人,都误以为他就是在埃庇丹努斯从小长到大的梅内克缪斯。因此,发生了一系列阴差阳错的趣事。最后,兄弟二人终于见面，彼此相认。

这的确是一部"错误的喜剧"，但它与《第十二夜》最直接的联系，也许只在使莎士比亚把"伊利里亚"这座希腊神话中的城市，这个亚得里亚海东岸的古国，作为故事发生地。

2. "日记"与《欺骗》

曼宁厄姆的日记说得很明确,《第十二夜》剧情"与意大利文的《欺骗》(Inganni) 最为相似"。而且,他还绘声绘色地描述了戏中那场捉弄马伏里奥的恶作剧,提到管家由一封伪造他"孀居的女主人"的信,误以为这位"寡妇夫人"爱上他了。

可在《第十二夜》中,管家马伏里奥的女主人奥利维亚是一位待字闺中的伯爵小姐,根本不是什么寡妇。

这个误会从何而来?原来,曼宁厄姆把尼可洛·塞基(Nicolo Secchi)1547年写的题为《欺骗》(Gl'Ingannati)的戏,同1531年在锡耶纳(Siena)由安托罗纳蒂学院(Accademia degli Intronati)创作,并在学院上演的喜剧《欺骗》(Gl'Ingannati)混为一谈。这所学院建于1525—1527年间,正值出身梅第奇家族的罗马教皇克莱芒七世(Clement Ⅶ,1478—1534)在任。整个1550年代,安托罗纳蒂学院既是锡耶纳的文化艺术中心,也是贵族们时常聚会的场所。

尼可洛·塞基的《欺骗》,情节相对简单,讲述一对生得一模一样的孪生兄妹,两人都身穿一样的男装,女孩莱利亚(Lelia)偷偷爱上了一位贵族青年,可这位青年的姐姐波西亚(Portia)却把她当成男孩罗伯特(Ruberto),爱上了她。由于兄妹俩抢先一步彼此相认,"罗伯特"得以说服哥哥在波西亚的床上把她给换下来。结果,波西亚有了身孕。

事实上,由女扮男装和孪生兄妹失散引起的误会也好,"欺骗"也罢,早已是古典喜剧的惯用情节,并无新鲜感可言。不过,比较来看,这部被曼宁厄姆张冠李戴了的"学院版"意大利文喜剧《欺骗》

五、《第十二夜》：《欺骗》与里奇"西拉的故事"

（*Gl'Ingannati*），才更像是《第十二夜》的一个原型故事。可是，它并没有英译本。一种可能的情形是，16世纪后期，有意大利剧团访问英格兰时演出过一些片段，曼宁厄姆和莎士比亚都看过；还有一种可能，莎士比亚读过由查理·艾蒂安（Charles Estienne, 1504—1564）翻译、1543年出版的这部喜剧的法译本《牺牲》（*Le Sacrifice*），也可能读的是1564年的再版本《滥用》（*Les Abus*）。

简言之，这部"学院版"的《欺骗》结构简单、零散，但基本情节与《第十二夜》颇为一致：一位年轻姑娘为能接近自己所爱的男人，女扮男装，做了他的侍从，不想却要替他去向另一个女人求爱，而"她"又成了这个女人渴慕的对象。"她"有一个孪生哥哥，在历经多年的冒险之后，来寻找妹妹和父亲，心甘情愿地接受了奥利维亚（Olivia）的引诱。更有意味的是，戏里至少有四个场景与《第十二夜》里的场景惊人的相似：第一幕第四场和第二幕第四场中奥西诺与薇奥拉的对话；第三幕第一场中奥利维亚向"切萨里奥"的求爱；第五幕第一场中的奥西诺向薇奥拉发出暴力威胁，因为他相信这位"仆人"背叛了他。然而，《第十二夜》中孪生兄妹相见，"同一副相貌、同一个嗓音、同一样装束，却是两个人"。这一戏剧高潮产生的令人惊奇、喜悦的舞台效果，是《欺骗》这部戏里所没有的，《欺骗》的结尾只是女主人公换回了自己的女儿装。

3.《里奇告别军职》

《第十二夜》最主要的原型故事,无疑取自英国作家、军人巴纳比·里奇(Barnabe Riche, 1540—1617)于 1581 出版的,他那本最为人知的散文故事《里奇告别军职》(*Riche his Farewell to Military Profession*)中的《阿波罗尼斯和西拉的故事》(*Apolonius and Silla*),该书 1583 年、1594 年两次重印。而这篇"故事"又是改编自意大利小说家马泰奥·班戴洛(Matteo Bandello, 1485—1561)的短篇小说《尼古拉和拉坦提奥的故事》(*Nicuola and Lattantio*),这篇"故事"是班戴洛 1544 年出版的那本著名《短篇小说集》(*Novelle*)中的第二部分第 28 篇。

顺便一提,法国文艺复兴时期的多产作家、诗人、翻译家弗朗索瓦·德·贝尔福莱(Francois de Belleforst,1530—1583),于 1564—1582 年间,将马泰奥·班戴洛的这部《短篇小说集》,译成皇皇七卷法文本的《悲剧故事集》(*Histoires Tragiques*),其中最有名的一篇"故事",当属他在皮埃尔·鲍埃斯杜(Pierre Boaistuau, 1517—1566)译作基础上重译的《哈姆雷特之历史》。即便莎士比亚阅读法语的能力十分有限,他对自己同时代的同胞,作家、翻译家威廉·佩因特(William Painter, 1540—1595)和杰佛里·芬顿(Geoffrey Fenton, 1539—1608)翻译的班戴洛小说的英译本绝不陌生。佩因特译的班戴洛小说选集《悲剧故事集》(*Certaine Tragicall Discourses*)于 1566 年出版,芬顿译的班戴洛小说选集《快乐宫》(*The Palace of Pleasure*)于 1567 年出版。也因此,班戴洛的小说《哈姆雷特之历史》《罗梅乌斯与茱丽塔》成为莎剧《哈姆雷特》和《罗密欧与朱丽叶》的主要原型故事之一。但

五、《第十二夜》:《欺骗》与里奇"西拉的故事"

直到 1890 年,班戴洛小说才有了六卷英文全译本《马泰奥·班戴洛的小说》(*The Novels of Matteo Bandello*),译者是英国诗人、翻译家约翰·佩恩(John Payne, 1842—1916)。

现在,对比来看巴纳比·里奇的故事和莎剧《第十二夜》,两篇作品的中心情节都是讲述一位年轻女性的冒险。她为能亲近那位有权有势、整日沉醉于自我的公爵,女扮男装,可公爵对她的爱意毫无察觉。同时,女主角还必须替公爵出面,向对公爵态度冷漠的小姐求爱,而西拉和薇奥拉又都迷恋上了信使,对公爵毫无感觉。此外,里奇故事中的女主角西拉有一个哥哥西尔维奥(Silvio),与此对应,《第十二夜》中的薇奥拉也有一个哥哥塞巴斯蒂安。里奇故事里的西尔维奥远在非洲服兵役,当他在某个时候某个城市出现时,丝毫也不知道他妹妹就在这个城市,装扮成他的样子;他很快接受了寡妇茱莉安娜(Julina)夫人(相当于《第十二夜》里的奥利维亚)的求爱,赢得了她的爱情。在经历了许多误会和一些悲伤之后,真相大白,兄妹俩各自与阴差阳错选对的爱侣成双配对,喜结连理。

然而,两者之不同,由两种文体"肌理"之不同,具体显示出来。里奇的故事是散文体叙事,可能更适合在家庭环境里大声朗读,莎剧是诗体叙事,更适合在公共剧院演出。里奇的故事是闲话漫谈式的,因此对"贵妇人"听众富有吸引力。里奇故事里的女主角西拉,是从一艘船上开始了冒险,当时,她断然拒绝了船长的求婚,船长威胁要强奸她。这个时候,她还是一身女儿装,只是显得出身低贱,忠实的仆人冒充哥哥相伴左右。恰在此时,一场暴风雨袭来,船体倾覆,使她既免于被杀,又保住了名节。上岸以后,考虑到自身安危,她开始女扮男装。在这之前,西尔维奥已经出现,与茱莉安娜有过一夜"欢愉",并使茱莉安娜怀孕。这段细节描写多少有点儿色情。西尔维奥对此一无所知,再次踏上旅程。故事结尾,一身男装的西拉断言,"他"

不可能让一个女人怀孕生孩子,为证明这一点,她"松开衣服,露出有孕在身的圆肚子,还把双乳和奶头给茱莉安娜看"。这时,西尔维奥听说妹妹有了幸福婚姻,"得知茱莉安娜是一位贵族小姐,因他违约,身陷蜚短流长之中,痛悔不已,向她赔罪"。

里奇的故事透出一股富有魅力的世俗气,它相当坦率地强调,性别和阶层决定人们的行为方式。尽管《第十二夜》的情节与里奇的故事如此贴近,但相比之下,它充盈着一种诗意和反现实的戏剧氛围。第五幕第一场,当奥利维亚见到这对长得一模一样的孪生兄妹时,惊呼"太奇妙了"。重要的是,薇奥拉始终没有脱掉男装,每当她亮相,她都能从自己的生理性别认清情势,显然,莎士比亚要透过复杂的、暗示性的诗意氛围,强调性别和性两者无穷无尽的错综复杂的关系。

虽说里奇西拉的故事为莎士比亚写《第十二夜》提供了可顺手擒来的丰富原型,但莎士比亚除了对其人物、情节做了一些改变,比如把寡妇茱莉安娜夫人改为奥利维亚小姐,删掉茱莉安娜有失检点的行为,管家马伏里奥、托比·贝尔奇爵士、安德鲁·埃格奇克爵士等人物,都是莎士比亚的原创,而且,那场捉弄马伏里奥的恶作剧,多么滑稽、可笑,又多么戏谑、讽刺。某种程度上可以说,因为莎士比亚创造了马伏里奥这个人物形象,才使《第十二夜》成为一部诗意与诙谐调和适度的喜剧,一部最能体现莎式喜剧风格和才能的经典之作。

五、《第十二夜》:《欺骗》与里奇"西拉的故事"

斯特拉福德,莎士比亚生平创作展展柜里的莎士比亚木雕

六

《哈姆雷特》:"阿姆雷特"如何变成"哈姆雷特"?

1.《丹麦人的业绩》

我们所熟悉或将要熟悉的莎士比亚《哈姆雷特》的故事,最早源于中世纪丹麦作家、历史学家萨克索·格拉玛蒂克斯(Saxo Grammaticus,约1150—1220)在1200年前后用拉丁文撰写的《丹麦人的业绩》(Historiae Danicae,英文为Danish History,也译作《丹麦人的历史》)。这部史书是丹麦中世纪以前最主要的历史文献,收集了丹麦古代的英雄史诗,记录了一些民间传说和歌谣。虽然其中卷三、卷四《哈姆雷特的故事》(The Hystorie of Hamlet)的英文本直到莎士比亚于1601年写完《哈姆雷特》七年之后的1608年才出版,但莎士比亚很可能先读过此书的法文版,因为里边的许多细节几乎一模一样,当然也有学者认为莎士比亚编剧《哈姆雷特》之前并未读过此书的法文版。这个源于丹麦民间的传说,讲的是一个名叫阿姆雷特(Amleth)的王子为父报仇的故事,他的母亲叫格鲁德(Gerutha),与莎士比亚笔下的哈姆雷特(Hamlet)王子和他的母亲格特鲁德(Gertrude),连名字的拼写都十分相近。

当然,关于莎士比亚为什么为这部悲剧主人公的名字取名叫哈姆雷特(Hamlet),还有一个有力的说法,说他是为了纪念自己11岁时病逝的儿子哈姆尼特(Hamnet)。1596年8月11日这一天,从伦敦回到家乡斯特拉福德(Stratford)的莎士比亚,将病逝的儿子葬在了镇上的圣三一教堂,当天值班教士的记录是:"威廉·莎士比亚之子哈姆尼特。"哈姆尼特是龙凤双胞胎兄妹中的哥哥,当1585年2月2日莎士比亚为这孪生兄妹在教堂受洗起名字时,用了邻居朱迪思·萨德勒和哈姆雷特·萨德勒的名字。而后一个名字在斯特拉福德的文件中曾有哈姆尼特（Hamnet）和哈姆雷特·萨德勒（Hamlet）两种写法。也许因为当时拼写还不十分规范，哈姆尼特和哈姆雷特两个名字是通用的。当莎士比亚的父亲约翰·莎士比亚在 1601 年年初病重时，莎士比亚正在写作这部主人公与亡子同名的悲剧——《哈姆雷特》。9 月 8 日，莎士比亚的父亲在圣三一教堂墓地下葬。此时，莎士比亚可能已经写完了《哈姆雷特》，并在伦敦进行了首演。与此相比，或许更重要的在于，剧中幽灵与哈姆雷特父子间的对话，以及哈姆雷特在剧中从头到尾一大段又一大段充盈着浓郁的忧郁气质、内心的矛盾纠结、立誓复仇又犹疑不决时或异常清醒或貌似疯癫的诗情独白，或许融入了他因失子和丧父而产生的对于人的终极命运的思考，对于天堂、地狱和灵魂的拷问，对于基督教救赎的哲学体悟，对于人文主义思想启蒙的召唤。所有这些出自哈姆雷特这个人物之口的独白，无疑都是源于莎士比亚的天才妙笔。也正因为此，只要人类还在地球上存活一天，人类的灵魂深处就会有哈姆雷特的栖息地。

　　回到萨克索《丹麦人的业绩》一书，他描述了这样一个故事，公元 5 世纪之前，丹麦、挪威、瑞典等北欧几国间战争不断，相互仇杀。丹麦日德兰半岛前朱特族首领格文蒂尔（Gerwendil）的两个儿子都能征善战，勇冠三军。长子豪文蒂尔（Horwendil）、次子芬格（Feng）被丹麦国王罗里克（Roric）任命为包围日德兰半岛的正副首领。在与瑞典人的战斗中，豪文蒂尔杀死了瑞典国王科尔（koll）和他勇武的妹妹希拉（Sela）。罗里克国王为表彰立下赫赫战功的豪文蒂尔，将爱女格鲁德（Gerutha）嫁给了他。不久，格鲁德生下一个儿子，取名阿姆雷特（Amleth）。芬格对哥哥的战功、美妻嫉恨有加，便趁罗里克国王在日德兰半岛举行宴会时，将哥哥害死，并娶了嫂嫂。父亲死后，阿姆雷特为防止叔叔对自己的谋害，以装疯自卫，并伺机复仇。芬格指派阿姆雷特的少年好友、一位美丽的少女去诱惑他，并安排他们在密林相会。阿姆雷特在一位义兄的帮助下，不仅得到了姑娘的爱，还使她答应参与复仇。芬格见美人计失败，又派人藏在格鲁德的床下，偷听母子谈话。阿姆雷特发现后，将偷听者杀死，并碎尸煮烂喂猪。他向母亲长篇大论，指责她乱伦、改嫁，并告诉她，自己只是装疯，实际是在计划复仇。母亲真心忏悔，也答应帮助他复仇。之后，芬格又生一计，指派两人将阿姆雷特押送到英格兰，并修书一封，请好友英格兰国王将其处死。出发前，阿姆雷特与母亲商定了一年后回国复仇的详细计划。旅途中，阿姆雷特趁押送者熟睡，修改了密信的内容，使他俩到英格兰以后成了他的替死鬼。而他凭着非凡的才智，获得了英格兰国王的宠信，被招为驸马。一年期至，阿姆雷特回国。在母亲的大力协助下，他施巧计，设美酒，火烧大厅，烧死了所有侍从，最后一剑将芬格刺死。阿姆雷特次日发表演说，被拥戴为国王。但矛盾的是，萨克索并未在叙事中解释为何罗里克国王仍然在世，却又要推出一位新王。

到此，故事并没有结束，还是让我们继续。阿姆雷特荣登丹麦国王宝座以后，亲率三艘战船到英格兰看望妻子和岳父。英王欲为好友芬格报仇，想借苏格兰女王赫姆特鲁德（Hermutrude）之手置阿姆雷特于死地。因苏格兰女王对任何求婚者都要施以酷刑，有许多好色之徒已因此丧身，而英格兰王后刚去世不久，英王便派阿姆雷特代为求婚，毋宁是派阿姆雷特去送死。但当这位苏格兰女王得知了阿姆雷特的传奇经历和特殊使命后，不仅认为芬格的死是咎由自取，而且赞美阿姆雷特凭卓越智慧所取得的成功，并表示甘愿将自己连同王国都奉献给他。话没说完，女王就投入了阿姆雷特的怀抱。盛大的婚礼过后，两人携一只强大的卫队来到英格兰。阿姆雷特的第一个妻子、英王的女儿，欣然接受了丈夫与苏格兰女王的结合，表示爱丈夫超过爱父亲，并提醒阿姆雷特父亲另有新的阴谋。果然，英王派人伏击阿姆雷特一行。

突袭之下,阿姆雷特受了轻伤,但在反击中,他凭着智勇和两位夫人及卫队的全力协作,经过苦战,击败英军,杀死了英王。最后,阿姆雷特携两位夫人和无数的战利品,乘风破浪,回到了丹麦。这无疑是一个完美复仇故事的圆满落幕,但这个大喜的结局显然不适合莎士比亚的大悲剧。因此,这个叙事也就不为人熟知了。

不知是萨克索的拉丁文在转译成英文时出现了变异,还是从英文转译来的中文本在变异之上又发生变异,以至于在有的莎士比亚传记讲到《哈姆雷特》的素材来源时,出现的是这样的叙事:丹麦老王豪文蒂尔有一位温顺的王后格鲁特(Gerutha),权倾朝野的弟弟芬格对这位王嫂垂涎日久,欲篡国夺嫂。他借口老王虐待爱妻,残忍地将他公开杀死。但老王的幼子阿姆雷特(Amleth),成了他驱之不去的心病。因为在基督教引进之前,野蛮社会的流行法则是,儿子必须替父报仇。在芬格的眼里,年纪尚轻的阿姆雷特虽尚不具威胁,但按照父仇子报的残酷法则,他一旦长大成人,势必会完成复仇的使命。如果不早日除掉这个孩子,早晚有一天,自己将生命堪忧。而聪颖过人的阿姆雷特,为了能活下去以期将来为父报仇,便用装疯的办法解除叔叔的戒心。他故意溅的满脸是泥,无精打采地坐在火边,用小刀把一根根小木棍削成钩子。狡猾的芬格为验证这个一脸呆傻的侄子是否真的神志不清,三番五次设计试探,都被阿姆雷特机敏地躲了过去。阿姆雷特暗暗地等待时机,无论谁把他当傻子取笑、嘲讽、蔑视,他都深深地隐忍在心。最后,阿姆雷特娶了英格兰公主归国,见芬格及侍从正在狂欢(莎士比亚在《哈姆雷特》第一幕第四场开场,就让哈姆雷特对霍拉旭说出了对丹麦人饮酒狂欢的不屑:"这种令人头大的狂欢闹饮在我们的东西各邻国中颇遭非议,他们叫我们酒鬼醉汉,还把许多粗鄙下流的污名加在我们头上,就连我们因诸多伟大成就赢得的名誉也因此而受损。"),他们都以为他已经死了。他装扮成弄人把狂欢者灌醉,一把火烧了大厅,一剑穿心杀死了芬格。然后,他召集贵族,把自己装疯复仇的经过翔实地向他们和盘托出,终被拥戴为王。

关于阿姆雷特的装疯,美国学者斯蒂芬·格林布拉特(Stephen Greenblatt)在其《俗世威尔——莎士比亚新传》(*Will in the World: How Shakespeare Became Shakespeare*)中写道:在旧版中他的装疯是一种迷惑仇敌、赢得时间的计策,那些小木钩即是时间的标志,也是复仇者具有卧薪尝胆卓越智谋的证明。最后,阿姆雷特正是用这些木钩网住了熟睡的侍臣,然后放火烧宫。

看来,在读懂萨克索的拉丁文以前,原文和译本给读者的感觉,似乎只能是描述同一个故事的两个版本了。但撇开文本是否变异不谈,显然,豪文蒂尔是莎士比亚《哈姆雷特》剧中丹麦先王、哈姆雷特父亲的原型,也无论他是被嫉妒的弟弟谋害,还是在众目睽睽之下被公开杀死,总之阿姆雷特不用父亲的幽灵托梦,就知道是被叔叔害死的。芬格自然是莎士比亚笔下哈姆雷特的叔叔,那个邪恶的杀兄继位、篡国娶嫂的克劳迪斯国王的原型。

六、《哈姆雷特》:"阿姆雷特"如何变成"哈姆雷特"?

2.《哈姆雷特之历史》

关于莎士比亚《哈姆雷特》素材来源的第二种说法认为,莎士比亚在编剧创作时,更有可能是直接取材自威廉·佩因特(William Painter, 1540—1595)和杰佛里·芬顿(Geoffrey Fenton, 1539—1608)先后分别于1566年和1567年以《悲剧的故事》(*Certaine Tragicall Discourses*)和《快乐宫》(*The Palace of Pleasure*)为书名出版的意大利小说家马泰奥·班戴洛(Matteo Bandello, 1485—1561)小说《哈姆雷特》的英译本。这个英译本是根据法国人弗朗索瓦·德·贝尔福莱(Francois de Belleforest, 1530—1583)在其1570年与皮埃尔·鲍埃斯杜(Pierre Boaistuau, 1517—1566)合译的小说集《悲剧故事集》(*Histories Tragiques*, 1564—1582)第五卷中转述的该小说《哈姆雷特之历史》(*The Histories of Hamblet*)再转译的。这篇取材萨克索的故事的小说,增加了阿姆雷特的父王在遭谋杀以前,母亲先与叔叔通奸的情节。这个情节设计,自然毫无保留地移植进了莎士比亚的《哈姆雷特》。不过,在《哈姆雷特》中,关于王后与克劳迪斯到底是否在"杀兄娶嫂"之前就有奸情,并没有明说,似乎只是幽灵的暗示。实际上,莎士比亚最直接从班戴洛小说取材的剧作是《罗密欧与朱丽叶》《无事生非》和《第十二夜》。

3.《乌尔·哈姆雷特》

除了上述两种说法，还有一些莎学家认为莎士比亚的《哈姆雷特》是直接从 1594 年 6 月 11 日，由莎士比亚刚加入不久的"内务大臣剧团"在纽纹顿靶场剧院（The Newington Butts Theatre）演出（有人说是首演，有人说这原本是个旧剧）的以哈姆雷特为题材的旧剧嫁接而来。这一被称为"原型《哈姆雷特》"剧的剧本失传，作者亦不详。但也许是因英国剧作家托马斯·基德（Thomas Kyd, 1558—1594）曾于 1589 年出版过的一部著名的复仇悲剧《西班牙的悲剧》（*The Spanish Tragedy*）在四十年间被反复上演和修订。基德虽于莎士比亚 1601 年写《哈姆雷特》七年前去世，但《西班牙的悲剧》在莎士比亚在世时，一直十分流行。重要的是，作为当时最为走红的、典型的"复仇悲剧"，《西班牙的悲剧》充满了谋杀、自杀、疯狂以及人物借戏中戏杀敌复仇的场景，而且，《哈姆雷特》在设计被谋杀者的幽灵出现和主人公复仇迟疑这两点上，也与《西班牙的悲剧》完全一样。这里顺便提一句今天已经鲜为人知的纽纹顿靶场剧院，它是伊丽莎白时代最早的剧院之一，位于泰晤士河（Thames River）南岸，临近汉普顿街（Hampton Street），1576 年投入使用，1594 年 6 月莎士比亚的几部早期剧作曾在此上演，1595 年剧院关闭。

因此，有人认定那失传的"原型《哈姆雷特》"剧的作者就是基德，而那部剧的名字叫《乌尔·哈姆雷特》（*Ur-Hamlet*），为基德 1589 年所写，且之后该剧一直为"内务大臣剧团"所有。同一年，诗人托马斯·那什（Thomas Nash, 1567—1601）在给罗伯特·格林（Robert Greene, 1558—1592）的《梅纳封》（*Menaphon*）写的序中，曾讽刺一

六、《哈姆雷特》:"阿姆雷特"如何变成"哈姆雷特"?

位没上过大学却自以为是的暴发户剧作家,指的可能就是基德,还提到一部写哈姆雷特的戏剧,应该就是《乌尔·哈姆雷特》,说"如果你在寒冷的早晨好好求他一下,他会把一整部《哈姆雷特》抬出来,我应该少说点儿悲剧台词"。这也许意味着,《乌尔·哈姆雷特》在当时虽然流行,但艺术上并不成功。或也因为此,有人提出,莎士比亚《哈姆雷特》1603年拙劣的第一版四开本就是《乌尔·哈姆雷特》的修订本。还有人说,在《哈姆雷特》1604年的第二版四开本中,仍有该剧的若干片段。此中真相到底如何,悬疑至今不得而知。

事实上,英格兰在女王伊丽莎白时代,描写英雄人物为正义而战,并在临死之前成功复仇的"复仇悲剧"非常流行。但凡剧中出现残忍逼真的暴力场景,都会深得当时喜欢寻求刺激的观众的喜爱。毫无疑问,对于1601年编剧《哈姆雷特》时的莎士比亚来说,要写一部主人公叫哈姆雷特的"复仇悲剧",就素材而言,不仅是现成的,也已经相当成熟。同时,也可能是出于为所在的"内务大臣剧团"增加上座率的考虑,需要对人们熟悉的戏剧题材进行改写。托马斯·洛奇(Thomas Lodge, 1558—1625)1596年在其《智慧的痛苦和世界的疯狂》(*Wits Miserie and the World's Madnesse*)中,写过这样一句话:"那个面色苍白的幽灵,像个卖牡蛎的女人一样,在'大剧院'里叫得那样凄惨:'哈姆雷特,报仇!'"从这句话可以清楚三点:第一,无论剧本,还是演出,洛奇显然瞧不上《乌尔·哈姆雷特》,如果他确实是指的这部戏;第二,像卖牡蛎的女人惨叫似的这句台词,并未从莎士比亚的幽灵嘴里说出来;第三,当然是最重要的,剧中出现了幽灵。据说,在基德《西班牙的悲剧》中已经出现了幽灵形象。在这样的背景下,莎士比亚的《哈姆雷特》应运而生了。我想,或许是幽灵的出现,激活了莎士比亚写作一部全新的《哈姆雷特》的艺术灵感。

莎士比亚从不原创剧本,而总是取材自古老的故事,《哈姆雷特》

也不例外。但无论他的创作灵感从何而来,他的《哈姆雷特》都无疑是一部天才的伟大剧作,不仅为伊丽莎白时代的观众所喜爱,而且四百多年来,始终令无数莎迷为之陶醉、痴迷。

六、《哈姆雷特》:"阿姆雷特"如何变成"哈姆雷特"?

由劳伦斯·奥利弗饰演的、位于伦敦泰晤士河南岸南华克区临近"环球剧场"的哈姆雷特雕像

七

《奥赛罗》：从"摩尔上尉"到"摩尔将军"

1. 钦奇奥的《故事百篇》

《奥赛罗》的故事原型直接取自意大利小说家、诗人乔万尼·巴蒂斯塔·吉拉尔迪(Giovanni Battista Giraldi, 1504—1573)的"故事"(短篇小说)《一个摩尔上尉》(*Un Capitano Moro*)。巴蒂斯塔·吉拉尔迪更为人所知的名字是吉拉尔迪·钦奇奥(Giraldi Cinthio),他的文学创作直接师承前辈、文艺复兴时期的杰出作家、诗人乔万尼·薄伽丘(Giovanni Boccaccio, 1313—1375),他于1565年在威尼斯出版的《故事百篇》(*Gli Hecatommithi*),与薄伽丘那部著名的故事集《十日谈》(*Il Decameron*)风格十分相近。《故事百篇》中讲述第三个十年的第七篇故事,就是《一个摩尔上尉》。

尽管莎士比亚在世时,钦奇奥的《故事百篇》一直没有英译本,但莎士比亚对钦奇奥不会陌生,因为作家、翻译家威廉·佩因特(William Painter, 1540—1595)在《故事百篇》出版后的第二年(1566),就把其中的一些故事写进了自己的《快乐宫》(*The Palace of Pleasure*)中。1584年,法国翻译家加布里埃尔·查皮(Gabriel Chappuys, 1546—1613)将《故事百篇》译成法文 *Premier Volume des Cents Excellentes Nouvelles*。

不论莎士比亚读的是钦奇奥写的意大利原文故事,还是查皮所译的法语故事,《奥赛罗》直接改编自《一个摩尔上尉》是确定无疑的。由于《一个摩尔上尉》并没有提供足够的故事背景,《奥赛罗》的戏剧背景很可能源自这样几部著作:理查德·诺尔斯的《土耳其人通史》(1603);文艺复兴时期意大利外交家、主教加斯帕罗·孔塔里尼(Gasparo Contarini, 1483—1542)、路易斯·卢克诺爵士(Sir

Lewis Lewkenor,1560—1627）英译的《威尼斯的联邦和政府》（*The Commonwealth and Government of Venice*）（1599）；利奥·阿非利加努斯（Leo Africanus,1495—1550）、旅行家约翰·包瑞（John Pory,1572—1636）英译的《非洲地理史》[*Geographical Historie of Africa*（1600）]。作为文艺复兴时期的旅行家，利奥·阿非利加努斯是一位来自西班牙格拉纳达（Granada）的摩尔人，他的游踪遍及现在的非洲北部。

钦奇奥称，《一个摩尔上尉》改编自1508年发生在威尼斯的一个真实事件。但也许是巧合，钦奇奥的故事与阿拉伯民间故事集《一千零一夜》（*One Thousand and One Night*）中的"三个苹果的故事"（*The Tale of the Three Apples*）类似。

2. "三个苹果的故事"

我们先简单描述一下"三个苹果的故事":古阿拉伯国王哈伦（Harun）命宰相加法尔（Ja'far）与其微服出宫,体察民情。他们穿街走巷,遇一老者,靠打渔为生。闻听老人打渔半日,一无所获,家中妻儿又要挨饿,加法尔真诚表示,老人打一网即可得一百金币。来到底格里斯河（Tigris）,老人撒网,捞上一个上锁的箱子。国王回宫开箱一看,里边是一具被肢解的女尸。国王震怒,命加法尔三天之内缉拿凶手,否则将他处死。三天过去,毫无线索,国王判处加法尔绞刑,并传令大臣们到王宫观看。行刑前,先是一位英俊青年来到加法尔跟前,自认凶手;紧接着又从看热闹的人群中冲出一老者,说自己才是真凶。加法尔带着两名认罪者进宫见国王。原来老人是这位青年人的岳父,被杀的女人是青年人的妻子。

青年向国王讲述了杀妻经过:原来,夫妻恩爱,育有三子,生活幸福美满。月初,妻病重,经治疗和丈夫的照料,病情虽有好转,但身体仍十分虚弱。一日,妻说非常想吃一种稀罕的苹果。夫找遍巴格达（Baghdad）全城,空手而归。见妻病情又有恶化,经过打听,夫前往巴士拉（Basra）,在哈里发（Caliph）的果园,发现了妻想要的那种苹果,便花三枚金币买了三个苹果,踏上归程,来回花了整整两个星期。见到苹果,妻并未显出高兴,只是顺手把苹果放在枕边。妻身体恢复,夫又开始做买卖。中午,夫忽见一黑奴手里拿着一个苹果。夫问苹果何来,可否带他去买。黑奴笑称,此苹果为情人相送,并说情人生病,好久未见,幸情人丈夫外出做生意,方得以幽会,见其枕边有三个苹果,情人说是丈夫特意去巴士拉花三枚金币买来的,并送他一个。夫闻听此言，立即跑回家，果见妻枕边只剩两个苹果，厉声问妻为何如此，妻冷言答曰不知。夫怒火中烧，用菜刀将妻脖子割断，然后找来斧子，分尸、包捆、装箱，抛进底格里斯河中。

回到家，青年见儿子在哭，问缘由，儿子说，早上拿了母亲一个苹果，与弟弟一起在巷中玩耍，遇一黑奴，问苹果何来，答从母亲枕边所拿，苹果被黑奴一把抢走。儿子苦苦哀求，说苹果是父亲特地从巴士拉给母亲买回。黑奴一脸坏笑，拿着苹果跑了。青年恍然大悟，知错杀了爱妻，号啕痛哭，懊悔不已，便将此事如实告知岳父。

讲完事情经过，青年恳求国王立即执行王法，速将他绞死。国王以为，该拿黑奴抵罪，便又命加法尔务必三天之内捉拿黑奴，否则将再拿加法尔抵罪。这一回，加法尔发誓，不去四处寻找，只在家坐等真主安排。第四天，国王使臣传来圣旨，判处加法尔绞刑。加法尔一一向家人告别，当他最后抱起最疼爱的小女儿时，感到女儿口袋里有一个圆圆的硬东西，拿出一看，是只苹果，一问，知是女儿四天前用两枚金币从自家奴仆的手里换来的。加法尔慨叹苍天有眼，马上带人缉拿奴仆。奴仆招认，苹果是他五天前经过一条巷子时从一个孩子手里抢来的，到手之后，一起玩耍的两个孩子哭着说，那是母亲的苹果，母亲生病了，想吃苹果，父亲特意跑到巴士拉花三枚金币买回三个苹果，他们从母亲枕边拿了一个出来玩。奴仆把抢来的苹果带回家，小姐见了，要用两枚金币来换。

原来是自家奴仆闯的祸，加法尔赶紧带着奴仆进宫，向国王请罪。见了国王，奴仆又把事情经过详述一遍。没想到整个事情竟然如此稀奇古怪，国王十分惊奇，放声大笑，并命文官将此记录在案，以警后人。加法尔启禀国王，若能赦免家奴，他有更离奇的故事讲给国王听。国王允诺，并说假如故事并不离奇，家奴必须受刑。

显然，《三个苹果的故事》中那位深爱妻子的英俊青年，单从他妒火中烧、轻信谎言、妄作判断、情急忘智,直至杀妻分尸的整个过程来看,与英勇无畏、猜忌成性的奥赛罗,轻信表面忠诚、内心险恶的伊阿古,认定忠贞的苔丝狄蒙娜与卡西奥有奸情,暴怒之下,将爱妻掐死,两者就行为本质而言,毫无二致。然而,没有任何证据显示,无论钦奇奥的《一个摩尔上尉》,还是莎士比亚的《奥赛罗》,都借鉴了"三个苹果的故事"。

3.《一个摩尔上尉》

现在,我们再来详述孕育出《奥赛罗》的唯一原型故事——《一个摩尔上尉》。

莎士比亚《奥赛罗》中的人物在钦奇奥《一个摩尔上尉》中的原型,只有"苔丝狄蒙娜"(Desdemona)有名字,叫"迪丝狄蒙娜"(Disdemona),拼写上仅一个字母之差。其他人物的对应关系则分别是:奥赛罗之于摩尔上尉或摩尔人(意大利语 Capitano Moro 或 Moro);卡西奥之于队长(意大利语 Capo di Squadra);伊阿古之于旗官(意大利语 Alfiero);艾米丽亚之于旗官夫人;罗德里格之于被队长误伤的士兵。

摩尔人是一位战功卓著的军人,深得威尼斯政府赏识,迪丝狄蒙娜没有嫌弃他的肤色,为他的高贵品质所折服,爱上了他。家里要逼她嫁给另一个男人,她却执意嫁给了摩尔人。新婚夫妇在威尼斯度过了一段快乐的幸福生活。当摩尔人受命驻防塞浦路斯时,迪丝狄蒙娜恳请相随;尽管摩尔人担心航程有危险,还是同意妻子登上了他的指挥船。

在塞浦路斯,像在威尼斯一样,迪丝狄蒙娜的好友旗官夫人每天都花很多时间跟她在一起。旗官虽是一个十足的恶棍,但因他人性中的邪恶藏而不露,不仅摩尔人对他十分信任,所有人都觉得他勇敢、高尚。他垂涎迪丝狄蒙娜的美貌,却因害怕摩尔人,不敢公开求爱。当他求爱示好得不到丝毫回应时,就确信迪丝狄蒙娜爱的是队长——摩尔人的知交好友,也是摩尔人家里的常客。他决计报复,要栽赃陷害迪丝狄蒙娜与队长通奸。

当队长在一次执勤中因误伤一名士兵而被摩尔人撤职时，旗官发现机会来了。迪丝狄蒙娜屡次恳求丈夫让队长官复原职，旗官趁机向长官进言，说她如此纠缠着为队长求情，只因她厌恶了摩尔人的相貌肤色，对队长燃起欲火。摩尔人被旗官的暗示弄得焦躁不安，他变得狂怒异常，吓得迪丝狄蒙娜再也不敢替队长说情。

摩尔人要旗官拿出妻子不忠的证据。于是，有一天，当迪丝狄蒙娜来家里造访旗官夫人，并跟旗官的孩子一起玩耍时，旗官从她腰间偷走了一条刺绣手绢，并把手绢扔到队长的卧室。这手绢是摩尔人送给迪丝狄蒙娜的结婚礼物。队长认出这是迪丝狄蒙娜的手绢，便拿上手绢去摩尔人家送还。但他发现摩尔人在家，不愿引起他的不悦，跑开了。摩尔人确信从他家附近跑开的是队长，便命旗官务必将队长和迪丝狄蒙娜的关系查个水落石出。

旗官被安排与队长谈话，但摩尔人只能看到他们谈，却听不见谈什么。谈话时，旗官做出被队长所言震惊的样子，之后，他告诉摩尔人，队长对与迪丝狄蒙娜的奸情供认不讳，并坦白那手绢是上次床笫之欢后迪丝狄蒙娜送他的。

摩尔人问妻子手绢在哪里，迪丝狄蒙娜显得十分惊慌失措，忙乱地四处翻找，摩尔人由此判断，这就是妻子不忠的证据遂起了杀机，要把妻子和队长杀死。迪丝狄蒙娜见丈夫行为异常，便把内心的焦虑吐露给旗官夫人。旗官夫人对丈夫的计划一清二楚，但因怕他，不敢说出实情。

队长家里有位精于刺绣的女人，当她得知这是迪丝狄蒙娜的手绢后，便打算在归还之前，按上面的图案仿绣一方新手绢。旗官让这个女人坐在窗边仿绣，以便他把摩尔人带来时，让他亲眼见到罪证。应摩尔人的要求，并在拿到一大笔赏钱之后，旗官埋伏在路上，打算当队长从一个妓女家出来以后，就将他杀死。然而，刺杀失手，旗官只

七、《奥赛罗》：从"摩尔上尉"到"摩尔将军"

刺伤了队长的大腿。

摩尔人开始想一刀杀了妻子，或将她毒死。但最后，他还是听了旗官的计策，为掩人耳目，要对迪丝狄蒙娜采取谋杀。一天夜里，摩尔人和妻子躺在床上，他说听到隔壁屋里有动静，命妻子前去查看。正当妻子起身查看时，被藏在壁橱里的旗官用装满沙子的长袜打死。为使谋杀看上去像一场意外，摩尔人和旗官把迪丝狄蒙娜的尸体放在床上，砸碎头骨，再把屋顶弄塌。

在迪丝狄蒙娜的葬礼之后不久，失去爱妻的摩尔人心烦意乱，对犯下的罪行懊悔不已，将旗官开除军职。旗官随即向队长告发，说设伏要杀他的就是摩尔人。队长遂向政府起诉摩尔人。在严刑拷打之下，摩尔人矢口否认所有的犯罪指控，最后被从威尼斯放逐。一段时间之后，摩尔人在流放中被迪丝狄蒙娜的家族中人谋杀。没过多久，旗官因另一起犯罪被捕入狱，获释后，却因监禁期间遭受了酷刑折磨，暴毙惨死。

显而易见，钦奇奥《一个摩尔上尉》的故事是莎士比亚《奥赛罗》戏剧构思的艺术源泉，莎士比亚像钦奇奥一样，将威尼斯作为《奥赛罗》社会、政治、军事等的背景地，将孤岛塞浦路斯作为悲剧发生的结果地。然而，莎士比亚富有艺术灵性地对钦奇奥故事里的所有细节做了改变，正是这样的改变，使《奥赛罗》荣列莎士比亚的四大悲剧之一。

4. 从钦奇奥的"故事"到《奥赛罗》

下面，我们对这些改变做一番梳理。

第一，《奥赛罗》的戏剧节奏更快，冲突也更为猛烈。第一幕开场，莎士比亚便通过伊阿古和罗德里格的对话，在威尼斯埋下了引爆悲剧冲突的导火索，场景刚一切换到塞浦路斯，它就被迅速点燃、蔓延，直至最后将苔丝狄蒙娜、艾米丽亚和奥赛罗毁灭。换言之，在《奥赛罗》中，悲剧的进行几乎与奥赛罗和苔丝狄蒙娜两人的新婚及死亡同步，即悲剧随着新婚起始，伴着死亡而终。钦奇奥的故事节奏则较为迟缓，悲剧开始发生时，摩尔人已跟妻子迪丝狄蒙娜在塞浦路斯过了一段平静的新婚生活。

第二，在《奥赛罗》中，伊阿古因奥赛罗提拔卡西奥当了副官，怀恨在心，加之怀疑奥赛罗与他的妻子艾米丽亚有染，意欲复仇，故利用罗德里格对苔丝狄蒙娜痴心妄想的单恋贪欲，在塞浦路斯制造骚乱，使卡西奥被撤职；然后再令奥赛罗相信卡西奥与苔丝狄蒙娜之间必有奸情。在钦奇奥笔下，故事处理比较简单，是旗官本人垂涎迪丝狄蒙娜的美貌，求爱未果，遂向摩尔人挑拨说迪丝狄蒙娜与队长通奸。

第三，《奥赛罗》中，莎士比亚让服侍苔丝狄蒙娜的艾米丽亚，对丈夫伊阿古的阴谋一无所知，而当她一旦发现伊阿古利用她偶然拾得的手绢，作为陷害卡西奥和苔丝狄蒙娜通奸的证据时，立刻挺身而出，公开揭穿了伊阿古，并宣布与丈夫决裂，反被伊阿古用剑刺伤，不治而亡。在钦奇奥笔下，作为这一悲剧故事唯一幸存下来的讲述者，旗官夫人事先便十分清楚旗官丈夫的阴谋。然而，她作为迪丝狄蒙娜最好的好友，却始终未吐露真情，秘而不宣。单从这点来看，旗官夫人实则成了丈夫阴谋的帮凶，对悲剧的发生难辞其咎。两者相比，艾米丽亚甚至有几分女中豪杰的味道。

第四，莎士比亚在那块奥赛罗送给苔丝狄蒙娜作为定情信物的手绢上做足了文章。在《奥赛罗》中，卡西奥在自己的卧室捡到伊阿古故意丢下的手绢，可他并不知道手绢的主人是谁；他要妓女情人比安卡帮他重新绣一块相同图案的手绢，比安卡怀疑那手绢是别的女人送给卡西奥的情物，拒绝仿绣。钦奇奥的处理也比较简单，首先，那手绢是旗官亲自动手，从来家做客的迪丝狄蒙娜的腰间偷得；其次，在卧室拣到手绢的队长认识上面的图案，知道那是迪丝狄蒙娜的手绢，因此亲自登门送还，见摩尔人在家，又跑开，反被摩尔人误解；而后，是旗官让队长家里那位擅长刺绣的女人，坐在窗边仿绣，被摩尔人撞见。

第五，《奥赛罗》中，伊阿古安排的那场最为阴险的，叫奥赛罗亲眼采集证据，却只能远观、无法近听的谈话，是他故意拿比安卡想嫁给卡西奥挑起话题，激起卡西奥浪笑，让奥赛罗误会那是卡西奥在放浪无羁地大谈与苔丝狄蒙娜的床戏。恰在此时，比安卡来还手绢。对奥赛罗来说，人证、物证一应俱全。钦奇奥的叙述就简单了，是旗官在谈话时故意做出吃惊的夸张动作，事后直接向私下留心观察的摩尔人撒谎，说队长亲口承认了奸情，使他震惊不已。

第六，在《奥赛罗》中，莎士比亚对苔丝狄蒙娜之死的描写，笔墨不多，干净利落，让暴怒的奥赛罗将苔丝狄蒙娜掐死在床上。钦奇奥则是让摩尔人与旗官合谋，砸死迪丝狄蒙娜之后，又伪造了杀人现场。

第七，《奥赛罗》中的奥赛罗之死，也没有任何枝蔓。当真相大白，对错杀爱妻后悔不迭的奥赛罗，不肯接受当局审判，绝然地拔剑自刎。钦奇奥故事里摩尔人的结局则复杂许多，他对杀妻感到后悔，便将旗官开除军籍。旗官则恶人先告状，跑去向队长揭发，一切罪过都是摩尔人所为。队长提起诉讼，摩尔人被捕，遭受酷刑，却拒不招供，最后遭放逐,在流放中被迪丝狄蒙娜的族人杀死。

单从以上两点即可看出,钦奇奥笔下的摩尔人不仅不是一个值得迪丝狄蒙娜真心相爱的品德高尚之人,甚至可以说,他心底隐藏着并不输于旗官的邪恶本性,所以,他才能与旗官合谋将妻子残忍杀死,而且,事后拒不认罪。莎士比亚则完全升华了这个人物,他几乎让奥赛罗具有了人性中所有的高贵品质,是值得苔丝狄蒙娜付出真爱的贵族,最后,再让他被身上唯一的致命弱点—猜忌—杀死。因此,猜忌才是杀死奥赛罗与苔丝狄蒙娜的忠贞爱情及其美好生命的凶手。当然,让苔丝狄蒙娜这样一个"圣女"所象征的温柔、美丽、忠贞、善良,被邪恶的人性毁灭,也是莎士比亚惯于使用的悲剧手法。

意味深长的是,时至今日,在特定语境之下,"奥赛罗"这三个汉字早已成为"猜忌"或"嫉妒"的代名词。在医学上,也更是早就有了一个专门术语—"奥赛罗综合征"(Othello syndrome),即"病理性嫉妒综合征",或叫"病理性奸情妄想""病理性不贞妄想""病理性嫉妒妄想",无论怎样称呼,其典型症状都是:患者会经常莫名其妙地心感不安,怀疑配偶另有新欢,并强迫性地去搜寻自认可信的证据,甚或采用盘问、跟踪、侦查、拷打等手段,来证明这种怀疑,直至最后发起攻击,杀死配偶。这便是典型的"奥赛罗"了,病症一旦发作,往往持续数年。莎士比亚功莫大焉!当然,如今的"奥赛罗综合征"已非男性专利,女性患者在人数上也蔚为可观。

第八,《奥赛罗》虽没具体写明伊阿古的结局,但剧情已透露,他将面临酷刑的折磨和严厉的审判,悲惨下场可想而知。钦奇奥对旗官之死写得很明白,他因其他罪行被捕入狱,遭受酷刑,出狱后因刑伤惨死。

第九,《奥赛罗》中极为重要的一个戏剧背景是,威尼斯政府接到土耳其要进攻塞浦路斯的紧急军情,授命摩尔人奥赛罗将军率战船前往驻防。土耳其人攻打塞浦路斯这一真实的历史事件,发生在1570

年,而此时,钦奇奥的《一个摩尔上尉》已经发表。这自然带来迪丝狄蒙娜和苔丝狄蒙娜两位女主角登岛之不同,前者只是随夫前往塞岛度蜜月,后者则是新婚燕尔的娇妻毅然随夫出征。由此,在她俩身上所体现出来的那个时代女性的风采神韵,无疑是莎士比亚的苔丝狄蒙娜,比钦奇奥的迪丝狄蒙娜更胜一筹。不过,这两个无辜女性最后都是被猜忌的丈夫所杀,虽都令人心碎,但苔丝狄蒙娜的惨死似乎更令人同情到了撕心裂肺的程度。

然而,到了今天,莎士比亚的伟大已很难再让人们在自己的文学记忆里,寻觅到苔丝狄蒙娜的原型迪丝狄蒙娜的身影,正如我们只记住了《奥赛罗》,而根本不会关心它源自一篇叫《一个摩尔上尉》的故事。这既是文学的魅力,也是岁月的无情。

第十,由上,又可见出《奥赛罗》戏剧和《一个摩尔上尉》故事两者间精神思想和艺术价值之迥然不同,前者写人的美丽生命和美好爱情无法逃脱被邪恶人性毁灭的命运,后者只是要提出一种警示,即欧洲女人与肤色不同的异族通婚是危险的。

总之,正因为有了这些改变,比起钦奇奥笔下人物线条简单的摩尔人,莎士比亚塑造的摩尔将军奥赛罗,成为一个在世界文学人物画廊里不朽的艺术形象:他英勇无畏、经历传奇、战功卓著、品质高贵、敢爱敢恨,却因猜忌成性,轻信小人,酿成惨祸,亲手杀死爱妻后,又自刎身亡。

事实上,若单讲人物,《奥赛罗》中戏份最多、又最出彩的一个,是那阴毒到家的恶棍伊阿古,他比钦奇奥的旗官不知要坏多少倍。从某种角度甚至可以说,假如没有这样一个"出色"的恶棍,就不会有这样的《奥赛罗》。《奥赛罗》的悲剧,从头至尾完全是伊阿古一人阴谋运筹、狡诈策划和罪恶实施的。可见,一个十足的恶棍足以将好人的爱情、生命葬送。这正是悲剧《奥赛罗》之悲、之痛、之惨、之绝的焦点。

位于伦敦莱切斯特广场一侧街心花园的莎士比亚雕像,莎翁手指所刻为"世上没有黑暗,只有无知"

5. 托尔斯泰眼中的《奥赛罗》

"不论人们怎么说,不论莎剧如何受赞扬,也不论大家如何渲染莎剧的出色,毋庸置疑的是:莎士比亚不是艺术家,他的戏剧也不是艺术作品。恰如没有节奏感就不会有音乐家一样,没有分寸感,也不会有艺术家,从来没有过。"

上面这段话,在莎士比亚戏剧早已被奉为世界文学经典的今天,人们读来一定会觉得惊诧莫名。但这话绝非出自哪个无名之辈,而是俄国文豪列夫·托尔斯泰(Leo Tolstoy, 1828—1910)所说。况且,此言也不是盲目的泛泛之谈。

晚年的托尔斯泰,在1903年到1904年间,写过一篇题为《论莎士比亚及其戏剧》的长文。为写这篇专论,托尔斯泰"尽一切可能,通过俄文本、英文本、德文本"等,对莎士比亚的所有戏剧反复精心研读。他始终觉得,莎士比亚戏剧不仅算不上杰作,而且都很糟糕。他认为:"莎士比亚笔下的所有人物,说的不是他自己的语言,而常常是千篇一律的莎士比亚式的、刻意求工、矫揉造作的语言,这些语言,不仅塑造出的剧中人物,任何一个活人,在任何时间和任何地点,都不是用来说话的。……假如说莎士比亚的人物嘴里的话也有差别,那也只是莎士比亚分别替自己的人物所说,而非人物自身所说。例如,莎士比亚替国王所说,常常是千篇一律的浮夸、空洞的话。他笔下那些本该描写成富有诗意的女性——朱丽叶、苔丝狄蒙娜、考狄利娅、伊摩琴、玛丽娜所说的话,也都是莎士比亚式假意感伤的语言。莎士比亚替他笔下的恶棍——理查、埃德蒙、伊阿古、麦克白之流说的话,几乎毫无差池,他替他们吐露的那些恶毒情感,是那些恶棍自己从来不曾吐露过的。至于那些夹杂着些奇谈怪论的疯人的话，弄人（小丑儿）嘴里那些并不可笑的俏皮话，就更千篇一律了。……人们所以确信莎士比亚在塑造人物性格上臻于完美，多半是以李尔、考狄利娅、奥赛罗、苔丝狄蒙娜、福斯塔夫和哈姆雷特为依据。然而，正如所有其他人物的性格一样，这些人物的性格也并不属于莎士比亚，因为这些人物都是他从前辈的戏剧、编年史剧和短篇小说中借来的。所有这些性格，不仅没有因他而改善，其中大部分反而被他削弱或糟蹋了。"

对此，恐怕除了把托尔斯泰视为上帝派来人间的莎士比亚的天敌，再没有其他更好的解释了。

尽管托尔斯泰非常不喜欢《奥赛罗》，却"因其浮夸的废话堆砌得最少"，勉强认为它"即使未必能算是莎士比亚最好，也能算得上是他最不坏的一部剧作"。即便如此，他把刻薄的笔锋一转，丝毫不留情面地指出，"他（莎士比亚）笔下的奥赛罗、伊阿古、卡西奥和艾米丽亚的性格，远不及意大利短篇小说（即钦奇奥的《一个摩尔上尉》）里那么生动、自然"。

前面已经深入地论析过意大利作家钦奇奥的小说《一个摩尔上尉》和莎士比亚的《奥赛罗》两个文本之间在素材和题材上的对应关系，结论自然是后者远胜前者。

托尔斯泰的结论正好与之相反，他分析说："在剧中，莎士比亚的奥赛罗曾因癫痫发作而晕厥；苔丝狄蒙娜被杀死之前，奥赛罗和伊阿古还曾一起跪下发出古怪的誓言。此外，剧中的奥赛罗不是摩尔人，是黑人。这一切都非常浮夸和不自然，破坏了性格的完整性。而这是短篇小说不曾有的，小说里的奥赛罗，他嫉妒的原因也比莎剧中显得更自然。在小说里，当卡西奥（即'队长'）认出了手绢，要去苔丝狄蒙娜（即'迪丝狄蒙娜'）家送还，但走近后门时，瞧见奥赛罗（即'摩尔人'），连忙跑着躲开了他。奥赛罗瞥见逃跑的卡西奥，确信为疑

七、《奥赛罗》：从"摩尔上尉"到"摩尔将军"

窦找到了有力证据。尽管这一偶然巧遇最能说明奥赛罗的嫉妒心，莎剧中却没有这一情节。莎剧中奥赛罗的嫉妒，只是基于他盲目轻信伊阿古及其频频得手的诡计和搬弄是非的流言蜚语罢了。奥赛罗在熟睡的苔丝狄蒙娜床前独白，说但愿她被杀以后还像活着一样，在她死后依然爱她，而现在要尽情呼吸她身体的芬芳之类的话，完全是不可能的。一个人在准备杀死自己心爱的人时，不会说出这样的废话，尤其不会在杀死她之后，说现在应该天光遮蔽，大地崩裂，而且，要叫魔鬼把他放到硫磺的火焰里炙烤，等等。最后，无论他那在小说里没有的自杀情节如何动人，都彻底破坏了这一性格的鲜明性。倘若他真为悲哀、忏悔所折磨，那他在企图自杀时决不会夸夸其谈地历数自己的战功、珍珠，以及像阿拉伯没药树流淌的树胶一样泪如泉涌，尤其不会谈到一个土耳其人如何辱骂国人（威尼斯人），而他又如何一气之下'就像这样杀了他'。因而，尽管奥赛罗在伊阿古的挑唆怂恿下妒火中烧，及之后对苔丝狄蒙娜反目时，他表现出了强烈的情感变化，但他的性格却常因虚伪的热情及其所说的与本性并不相符的话，而受到破坏。"

不仅如此，托尔斯泰甚至觉得，"这还是就主要人物奥赛罗而言。即便如此，跟莎士比亚所取材的小说中的人物一比，虽说这个人物被弄巧成拙地改窜，却仍不失其性格。至于其他所有人物，则全被莎士比亚糟蹋透了"。

托尔斯泰毫不留情地指出："莎剧中的伊阿古，是一个彻头彻尾的恶棍、骗子、奸贼，打劫罗德里格的自私自利的家伙，在一切坏透了的诡计中永远得逞的赌棍，因此，这个人物完全不真实。按莎士比亚所言，他作恶的动机，第一，因为奥赛罗没有给他想得到的职位感到屈辱；第二，怀疑奥赛罗跟他的妻子通奸；第三，如他所说，感觉对苔丝狄蒙娜有一种奇异的爱情。动机虽多，却都不明确。而小说中的伊阿古（即旗官）只有一个动机，简单明了，即对迪丝狄蒙娜炽热的爱情。所以,当迪丝狄蒙娜宁愿嫁给摩尔人并坚决拒绝他以后,爱情随即转化为对她及摩尔人的痛恨。更为不自然的是,罗德里格完全是个多余的角色,伊阿古欺骗他,掠夺他,向他许愿帮他得到苔丝狄蒙娜的爱情,并以此驱使他去完成吩咐他做的一切事情:灌醉卡西奥,揶揄他,接着又杀死他。艾米丽亚说的话,也都是作者蓦然想起塞到她嘴里去的,她简直一点儿也不像个活人。"

这还不算完,在托尔斯泰不揉沙子的艺术之眼里,"人们之所以把塑造性格的伟大技巧加在莎士比亚头上,是因为他确有特色,尤其当有优秀的演员演出或在肤浅的观看之下,这一特色可被看成是擅长性格塑造。这个特色就是,莎士比亚擅长安排那些能够表现情感活动的场面"。换言之,莎士比亚之所以在塑造人物性格上赢得"伟大技巧"的美名,一要感谢舞台上优秀演员的"演出",二还要尤其感谢平庸观众"肤浅的观看"。

诚然,托尔斯泰不是没有注意到,"莎士比亚的赞美者说,不应忘掉他的写作时代。这是一个风习残酷而粗蛮的时代,是那种雕琢表现的绮丽文体风靡的时代,是生活样式和我们迥然不同的时代。因此,评价莎士比亚,就必须要重视他写作的那个时代"。然而,当托尔斯泰在衡量莎士比亚艺术的天平的另一头放上荷马时,便觉得这根本就不算一条理由。因为,"像莎剧一样,荷马作品中也有许多我们格格不入的东西,可这并不妨碍我们推崇荷马作品的优美"。显然,两相比较,托尔斯泰慧眼识荷马,且对其推崇备至;而对莎士比亚则法眼不认,并极尽贬低之能。他说:"那些被我们称之为荷马创作的作品,是一个或许多作者身心体验过的、艺术的、文学的、独出心裁的作品。而莎士比亚的戏剧,则是抄袭的、表面的、人为零碎拼凑的、乘兴杜撰出来的文字, 与艺术和诗歌毫无共同之处。"

托尔斯泰并非孤掌难鸣,早在他这篇专论200多年前的1693年,在莎士比亚死后 25 年出生的托马斯·赖默（Thomas Rymer, 1643—1713），就在其《悲剧短论》（*Short View of Tragedy*）一书中尖锐批评道："我们见到的是流血与杀人，其描写的格调与伦敦行刑场被处决的人的临终话语和忏悔大同小异。""我们的诗人不顾一切正义与理性，不顾一切法律、人性与天性，以野蛮专横的方式，把落入其手中的人物这样或那样地处决并使之遭受浩劫。苔丝狄蒙娜因失落了手绢被掐死。按照法律，奥赛罗应判处车裂分尸，但诗人狡猾地让他割喉自杀，得以逃脱惩罚。卡西奥不知怎么回事，折断了胫骨。伊阿古杀了恩人罗德里格，这的确是富有诗意的感恩。伊阿古尚未被杀死，因为世上根本就不存在像他这样的坏人。""在这出戏里，的确有可以娱乐观众的滑稽、幽默、散乱的喜剧性诙谐娱乐和哑剧表演，但悲剧部分显然不过是一出流血的闹剧，且还是平淡无味的闹剧。"如此，赖默算得上托尔斯泰的古代知音了。

难道莎士比亚的戏剧艺术真如文豪托尔斯泰所言，蹩脚到了一无是处？

1959 年，在莎士比亚故乡斯特拉福德（Stratford）召开的讨论会上，英国学者、小说家斯图尔特（J. I. M. Stewart, 1906—1994）发表了题为《再谈莎士比亚》（*More Talking of Shakespeare*）的演讲，他在演讲结尾时断言："莎士比亚是彻底健康的，虽其有些剧本会给人留下重重阴影，但其空气是清新的，土壤是肥美的；其富足的景象，像乔叟（Geoffrey Chaucer, 1343—1400）的诗歌一样，显然只有在上帝那里才会有。"

这话足以让莎士比亚的知音神清气爽！

八

《李尔王》：新旧"李尔"孰优孰劣？

1. 塔特的《李尔王》

1681年，由出生于都柏林一个清教徒神职人员家庭、1692年获得英国"桂冠诗人"称号的内厄姆·塔特（Nahum Tate, 1652—1715）改编的《李尔王的历史》（The History of King Lear），在伦敦泰晤士河畔的道赛特花园剧院（Dorset Garden Theatre）上演。自此，塔特改编版的以大团圆结尾的"喜剧"《李尔王》，不仅完全替代了莎士比亚的"大悲剧"《李尔王》，而且占据英国舞台长达一个半世纪，直到1838年1月15日，麦克莱迪（William Charles Macready, 1793—1873）在考文特花园剧院（Covent Garden Theatre）按照莎士比亚《李尔王》的悲剧原本演出，才彻底将塔特的《李尔王》成功埋葬。虽然这一演出并非完全忠实于莎剧原作，但它被视为"在恢复莎剧原貌的整个历史中，或许是最重要的"。

在看塔特改编本的《李尔王》之前，我们先来简单温故一下英国戏剧史。

1616年，莎士比亚去世，英国的文艺复兴戏剧进入尾声。克伦威尔（Oliver Cromwel, 1599—1658）执政以后，下令将伦敦的所有剧场封闭，文艺复兴戏剧随之结束。1661年4月，流亡归来的查理二世（Charles Ⅱ，1630—1685）正式加冕为不列颠国王，王政复辟。次年，查理二世取消实行了20年的"禁戏令"。

作为王政复辟时期最重要的诗人、剧作家、批评家、现代戏剧理论开拓者的德莱顿（John Dryden, 1631—1700），于1668年出版了《论戏剧诗》（An Essay of Dramatick Poesie），被认为是英国对17世纪文学批评的最大贡献。德莱顿对他的前辈莎士比亚有褒有贬，褒其是"神圣的莎士比亚，我们的戏剧之父"，在"所有现代诗人中，也许还包括古代诗人，这个人的灵魂最宽广，也最具理解力"。同时，又贬其没有构思统一的情节，违反了诗的正义，"他的喜剧俏皮得流于取笑逗乐，悲剧中的严肃又膨胀成了装腔作势"，"要么铸新词造异句，要么将日常用语粗暴误用"，"对许多单词、短语的使用很不合理，……有的不合语法，有的粗俗不堪，整个风格充斥着比喻性的表达方式，矫揉造作、含混不清"。德莱顿把莎士比亚这一身的毛病，归因于他是"一个野蛮时代未受教育和训练有素的人"。尽管如此，德莱顿还是认为，虽然莎士比亚并不一贯伟大，但他总令人敬畏。"他刻画戏剧大场面的能力非凡，没有谁能说他只适合写某一类主题，也没有谁不把他抬得比其他诗人更高，正如伟岸的松柏之于低矮的灌木。"

然而，王政复辟初期，出现了令戏剧尴尬的一幕，那些重新开张的剧院几乎没有自己的新剧目，以适应"新时期"观众"高情雅趣"的欣赏口味，只好返回头去，将伊丽莎白女王时代的"旧戏"加以改编，重新上演。就连德莱顿本人，也在写戏之余，亲自加入到改编莎剧之列，他一共改编过三部莎剧：《暴风雨》（1667年）、《安东尼与克里奥佩特拉》（1677年）和《特洛伊罗斯与克瑞西达》（1679年）。

趁这股旧戏改编的东风，塔特开始着手改编伊丽莎白女王时代的戏剧，《李尔王的历史》虽只是他诸多改编之一，却因其完全解构了莎剧《李尔王》而声名卓著。可惜时间最是无情物，如果说莎士比亚的《李尔王》是詹姆斯一世时代的艺术造物，塔特的《李尔王》就是王政复辟时期的山寨产品。前者得以超越时代，至今不衰；而后者只应了一时之需，早被遗忘。

现在，我们来说塔特的《李尔王》。显然，塔特对德莱顿所指莎剧的毛病十分赞同，否则，他不会在《〈李尔王〉献词并序》中那么自信地断定莎剧《李尔王》"缺乏工整性和可靠性"，而对他来说幸运的是，他已经找到了"改正"这一"缺陷"的方法。

塔特对莎剧《李尔王》的颠覆性"改正"主要有三点：

(1) 为讨好王政复辟时期观众对严肃剧中要有"英雄爱美人"情节的脾胃嗜好，塔特让埃德加与考狄利娅相爱。既如此，则必须将法兰西国王这个人物及与其相关的所有情节剔除干净，因为只有这样，考狄利娅才能留在国内，不会远嫁法兰西。

(2) 塔特认为，弄臣这一角色妨碍了整个悲剧的肃穆氛围，遂将其删除。直到1838年，这一洞悉世相、嬉笑怒骂、诙谐深刻、趣味横生的丑角才得以重返舞台，恢复活力。

(3) 塔特把莎剧《李尔王》的悲剧结局改成大团圆，李尔恢复了王位，并同意考狄利娅嫁给埃德加，埃德加兴奋地宣布"真理和美德终获成功"。并对考狄利娅说："神圣的考狄利娅！众神作证，我宁愿舍弃王国，也要得到你的爱情。"全剧在考狄利娅与埃德加的婚礼中欢快结束。这一点在今天看来实在难以理解，既然塔特嫌弄臣有损悲剧之严肃，大团圆结局则根本就是对悲剧的彻底篡改。

简言之，尽管塔特手下留情，保存了李尔暴怒发疯和两个女儿卑劣残忍的情节，但他这一强暴式的"改正"，已使莎剧《李尔王》"容颜尽毁"，给原剧艺术思想造成的贬损无疑是毁灭性的。

诚然，塔特蹩脚的《李尔王》一度成为时尚，主要是因其与王政复辟时期流行的充满道德说教的市民剧一拍即合，并能满足彼一时观众的世俗要求。另外，也由于古典主义开始在英国文坛占据统治地位，而动手"改编"，甚至粗暴篡改莎剧，则可一厢情愿地把莎剧纳入古典主义的创作程式。

毋庸讳言，塔特的《李尔王》的确影响久远，即便到了1756年，莎剧著名演员大卫·加里克(David Garrick, 1717—1779)在出演《李尔王》时，尽管嘴上说着要"恢复莎士比亚原著"，实际上他所做的最大努力,也只是在塔特的改编本中,尤其前三幕,加入了大量的莎剧原诗。这一加里克的改编本,在伦敦居瑞巷剧院(Drury Lane Theatre)一直演到1788年。

还有一个颇为有趣的事实,在塔特的《李尔王》独步英国舞台的那一个多世纪,曾有六年时间(1768—1773),塔特的改编本一度被戏剧家老乔治·科尔曼(George Colman the Elder, 1732—1794)改编的《李尔王》取代。除了删去弄臣这一角色,并割舍掉考狄利娅与埃德加的爱情故事,科尔曼的改编本对莎剧原作的前四幕几乎丝毫未动。但他保留了塔特改编本的大团圆结局。可是,观众并不买账,科尔曼的改编本以失败告终。

莎士比亚的《李尔王》绝非原创,是对之前有关李尔王的古老传说,及诸多与之相关的"原型"故事集大成的改编。如上所说,塔特对莎剧《李尔王》的改编几无可取之处,实为庸碌之作,而从莎士比亚的改编则足以见出他那艺术创造的天才手笔。

上边提到的"老"《李尔王》(*King Leir*)或许是莎剧《李尔王》的主要来源,除此之外,进入莎士比亚的艺术视野并为其所用的原材料还有其他。

2. 老故事的"旧说"

这的确是一个老故事！从传说中看 LIyr（李尔）这个名字的拼写，"李尔"既有可能是威尔士神话中的一个人物，也有可能是一位神明，还有可能源于约在公元前 500 年开始进犯、占领并居住在不列颠诸岛的凯尔特人（Celts）（有一种说法认为"李尔"是凯尔特神话中的海神），他们比盎格鲁撒克逊人（Angol—Saxon）迁居英伦三岛的时间早了整整一千年。当时，连英语还远没有形成。

换言之，关于"李尔"的老故事可能在非常久远的年代就已在凯尔特人中间流传了。在英格兰的民间传说里，李尔于公元前七八世纪登基，为古不列颠国王，并在英格兰中部的索尔（Sore）河畔建都，也就是今天莱切斯特（Leicester，义为"李尔之城"）城的旧址。

对这个老故事最早的文字记载见于 1135 年成书的《不列颠王国史》（*Historia Regum Brittaniae*），作者是威尔士蒙默思（Monmouth）的杰弗里（Geoffrey）。杰弗里的《王国史》将"LIyr"改为"Lier"。不过，他的兴趣点在于通过社会叙事来凸显政治寓意，因此，他更关注的是，李尔最初要通过划分王国来考量两个大女儿谁更爱他这一行为所导致的后果。

杰弗里详述的李尔故事，也可以称作"不列颠女王考狄拉传奇"。在杰弗里笔下，考狄拉（Cordeilla）是不列颠一位富于传奇色彩的、继李尔王之后的第二代执政女王。然而，没有任何史料证明考狄拉女王的真实存在。

老故事是这样的：

考狄拉是李尔最疼爱的小女儿，高纳里尔和里根是她的两个姐姐。

当李尔决定把王国划分给女儿、女婿时，考狄拉拒绝用奉承话讨好父王。作为回应，李尔不仅不分给她不列颠的一寸土地，也拒绝向她未来的丈夫祝福。法兰克国王阿加尼普斯（Aganippus）不在乎这些，执意向考狄拉求爱，虽然李尔恩准了婚事，但考狄拉却得不到任何嫁妆。考狄拉迁居高卢（Gaul），在那里生活了许多年。

划分最终导致康沃尔和奥本尼两位公爵女婿起兵叛乱，反对李尔，剥夺了他作为国王的权力与尊号。李尔被放逐，逃往高卢，与原谅了他的考狄拉重逢相聚，力图恢复王位。考狄拉举兵进攻不列颠，打败了两位执政的公爵，恢复了李尔的王位。三年后，李尔、阿加尼普斯相继去世，失去丈夫的考狄拉回到不列颠，加冕为女王。

在考狄拉女王统治下，不列颠王国度过了和平的五年。此时，考狄拉两个姐姐的儿子玛尔根（Marganus）和邱恩达古伊（Cunedagius）到了法定年龄，继任成为年轻的康沃尔公爵和奥本尼公爵。这哥俩儿对女王的统治不屑一顾，声称要恢复血统。两位公爵起兵谋反，经过了无数次战斗，孤军奋战的考狄拉最终被俘，囚禁狱中。最后，考狄拉在悲痛中自杀身亡。玛尔根继而在自己统辖的亨伯河（Humber）西南称不列颠王，邱恩达古伊不甘示弱，将亨伯河东北广大的不列颠土地，收入治下。很快，兄弟之间爆发了内战，大片国土因战事荒芜。最后，玛尔根战败被杀。又过了很长时间，王国在邱恩达古伊的统治下恢复了和平。

在杰弗里的《王国史》之后，李尔的故事又出现在拉丁文故事集《罗马人传奇》（也叫《罗马人的奇闻异事集》）（*Gesta Romanorum*）中，它是15世纪欧洲最为流行的著作之一。

3. 老故事的"新说"

即便莎士比亚没直接读过杰弗里这部拉丁文原著里关于李尔的老故事"旧说",也从几乎同一时代、甚至年龄与己相仿的其他作家对这个老故事的"新说"中,直接或间接得了实惠。

1574年,诗人约翰·希金斯(John Higgins)所编诗集《行政长官的借镜》(*The Mirrour for Magistrates*)出版,收录了不同的诗人对一些历史人物命运遭际及其悲剧结局的描述,其中有李尔的故事,提到李尔王有三个女儿,其中小女儿考狄拉(Cordila)最漂亮。

1560年,由诗人托马斯·诺顿(Thomas Norton, 1532—1584)与政治家、诗人、剧作家托马斯·萨克威尔(Thomas Sackville, 1536—1608)合写的《高布达克》(*Gorboduc*)出版,这既是英国文学最早的一部全篇以素体诗写成的诗剧,也是英语世界最早的一部悲剧,1561年1月18日,于内殿律师学院(Inner Temple)在伊丽莎白一世女王御前演出,该剧对已进入伊丽莎白女王时代的英国戏剧产生了重要影响。

《高布达克》以杰弗里的李尔故事为蓝本,讲述一位叫高布达克的不列颠国王的传奇:高布达克娶朱顿(Judon)为妻,育有费雷克斯(Ferrex)、波雷克斯(Porrex)二子。当高布达克年老体衰时,两位王子为谁来接管王国起了内讧。波雷克斯设伏,试图杀死费雷克斯,费雷克斯逃往法兰西,后与法王叙阿丢(Suhardus)联手,进犯不列颠,战败,被波雷克斯所杀。随后不久,波雷克斯又被复仇的生母朱顿所杀。王国长时期陷于混乱之中。

《高布达克》像传统的李尔故事一样,意在警示伊丽莎白时代的英国人,国家因内讧陷入混乱有多么危险。

1577年,编年史作者拉斐尔·霍林斯赫德(Raphael Holinshed, 1529—1580)所著《英格兰、苏格兰及爱尔兰编年史》(*The Chronicles of England, Scotland, and Ireland*)出版。十年后的1587年,该书增订再版,其中英格兰史卷部分的李尔故事,给莎士比亚带来了艺术灵感,对其日后写作《麦克白》和《辛白林》,也从素材上提供了养分。但在这个故事里,不仅没有李尔发疯,也没有葛罗斯特的情节,没有遭放逐、化装追随老王的肯特,没有弄臣,更没有凄惨悲戚的结局。

1586年,诗人、律师威廉·沃纳(William Warner, 1558—1609)最重要的长诗《阿尔比恩的英格兰》(*Albion's England*)出版,"阿尔比恩"在英国古语和诗歌用语中指英格兰或不列颠,源自希腊人和罗马人对该地的称呼。

1605年,有伊丽莎白女王时代头号历史学家之谓的古文物学者、地志学者威廉·卡姆登(William Camden, 1551—1623)所著《不列颠历史拾遗》(*Remaines of a Greater Worke, Concerning Britaine*)出版。

以上两部书中,都有对李尔故事大同小异的细节描写。

事实上,在莎士比亚写《李尔王》之前,有至少不下50位诗人、作家、学者、史学家,写过李尔这位古不列颠国王的传奇故事。但所有这些故事,都被莎剧《李尔王》熠熠闪烁的艺术灵光遮蔽了,几乎再无人问津,仿佛莎剧《李尔王》本来就是莎士比亚奇思妙想的原创。显而易见,作为神话传说或民间故事代代流传的李尔王传奇,不过是一份几乎随手可得的文学素材,但它却在莎士比亚鬼斧神工的艺术匠心下,化成了一部不朽的、感天动地的伟大诗剧。

4.《仙后》和《阿卡狄亚》

　　莎剧《李尔王》不是凭空而来，为他提供了素材来源和艺术滋养的，也不全是无名小辈，其中大名鼎鼎的莫过于伊丽莎白一世女王时代的两位伟大诗人埃德蒙·斯宾塞（Edmound Spenser, 1552?—1599）和菲利普·西德尼爵士（Phillip Sidney, 1554—1586）。

　　享有"诗人中的诗人"之美誉的斯宾塞，比莎士比亚年长12岁，他在其代表作长篇宗教、政治史诗《仙后》（The Faerie Queene）中开创的那一独特的14行格律形式，被称为"斯宾塞诗节"（Spenserian Stanza）。《仙后》是一部终未完稿的史诗，第一部前三卷于1590年出版，第二部后三卷于1596年出版。

　　李尔的故事在前三卷第二卷中的第10章第27至32诗节，但斯宾塞与杰弗里的叙事有两点极其重要的不同：国王不经意地问询三个女儿对他的爱；考狄利娅最后在狱中被绞死。前者被莎士比亚直接拿来，巧妙安排在了莎剧《李尔王》的第一幕开场：李尔王问三个女儿谁更爱她，他要以此决定如何划分王国领地。后者则安置在《李尔王》悲剧大幕落下之前的尾声：囚禁中的考狄利娅被埃德蒙密令派人绞死，李尔抚尸痛哭。

　　还有一点不容忽视，莎士比亚的考狄利娅（Cordelia）名字的拼写与斯宾塞的考狄利娅连一个字母都不差。由此不难想象，莎士比亚珍爱这个戏剧人物！他要赋予她天使般的灵性！他要让她在死里永生！

　　或许可以说，正是斯宾塞笔下的考狄利娅之死，激活了莎士比亚立意把《李尔王》写成人性、人情之大悲剧并渐趋成熟的精妙构思，他不能让莎剧中塑造的"新"李尔，像杰弗里的老套故事和《李尔及其三个女儿》旧戏里的"老"李尔那样,在恢复王位之后寿终正寝;他要让李尔发疯,让考狄利娅战败、被俘,让考狄利娅被绞死,让考狄利娅之死令李尔肝肠寸断、心衰而亡!

比莎士比亚大 10 岁的诗人、学者、政治家西德尼爵士,最有名的代表作,除了蜚声文坛的《诗辩》(The Defence of Poesy),还有一部用散文和诗歌写成的富有田园浪漫情调的传奇故事《彭布罗克女伯爵的阿卡狄亚》(The Countess of Pembroke's Arcadia,简称《阿卡狄亚》)。遗憾的是,这两部名著当时均以手写的形式流传,待正式出版时,西德尼已过世多年。1590 年出版的《阿卡狄亚》,后来成为英国文学最具代表性的早期田园诗;1595 年问世的《诗辩》,则被视为伊丽莎白女王时代最佳的文学批评。

《阿卡狄亚》第二卷第 10 章,讲述了这样一个故事:

古代巴普哥尼亚(Paphlagonia)的国王育有两子,一为婚生、一为私生。国王被私生子普莱克伊尔图斯(Plexirtus)的谎言所骗,将嗣子(婚生子兼合法继承人)利奥纳图斯(Leonatus)驱逐;野心勃勃的普莱克伊尔图斯在获得继承权以后,又篡夺了王位,并将父亲挖去双眼,放逐。至此,国王终于明白利奥纳图斯是被冤枉的。利奥纳图斯在旷野遇到了双目失明的父亲,替他做向导。国王来到崖顶,欲跳崖自尽,被利奥纳图斯阻拦。父子俩同甘苦、共患难。最后,利奥那图斯以一场骑士式的决斗,打败了普莱克伊尔图斯。普莱克伊尔图斯对过去的罪过表示忏悔,发誓痛改前非,利奥纳图斯宽恕了他。最后,老王亲自把王冠交给利奥纳图斯,之后终因力交瘁而亡。

显而易见,莎剧《李尔王》中作为主要副线穿插于剧情间的葛罗斯特伯爵与两个儿子——嗣子埃德加、私生子埃德蒙的故事,包括像埃德加引领盲父到崖顶,父亲欲跳崖,以及最后埃德加与埃德蒙决斗这样的细节,完全化用了西德尼《阿卡狄亚》中巴普哥尼亚国王及其两个儿子的故事。

事实上，莎士比亚从《阿卡狄亚》这个浪漫故事受惠、汲取灵感，还不止于此，比如，《阿卡狄亚》第 20 章中，安德罗玛娜女王（Queen Andromana）对皮洛克里斯（Pyrocles）和缪西多勒斯（Musidorus）充满肉欲的渴望，被莎士比亚投射在《李尔王》中高纳里尔和里根对埃德蒙的欲火难耐之中；而当儿子帕拉迪乌斯（Palladius）被杀以后，安德罗玛娜用匕首自杀身亡，又几乎映照在高纳里尔在埃德蒙决斗失败后的拔刀自刎中。

必须给予专利认证的是，在《李尔王》中加入弄臣这个角色，并让亡命天涯的埃德加乔装成疯乞丐"可怜的汤姆"，这两个堪称神来之笔的形象，以及由此而生发的一系列精妙剧情，的确是莎士比亚货真价实的原创发明！

1603 年 10 月，正值莎士比亚埋头编剧《奥赛罗》期间，英格兰发生了一起引起轰动的民事诉讼案：肯特郡一位叫布莱恩·安斯利（Brain Annesley）的富人被大女儿一纸诉状告到法院，大女儿声称父亲因精神失常无力料理家产，申请由自己接管。诉讼得到其丈夫、妹妹、妹夫的全力支持。然而，安斯利的小女儿科黛尔（Cordell）极力反对，最后，她以写信求助的方式，成功阻止了这一诉讼。1604 年 7 月，安斯利去世，他的大部分财产都留给了科黛尔。

莎士比亚是否了解此案不得而知，此案是否对他编剧《李尔王》产生了影响，也无据可考。倒不妨推论一下，假如莎士比亚了解此案，那安斯利的大女儿在丈夫、妹妹、妹夫支持下要通过起诉接管父亲的家产，这一对父不孝的忤逆之举，对此时可能已在构思如何处理剧中李尔及其三个女儿亲情关系的莎士比亚，有了灵感的触动：他要让李尔的长女、次女在靠阿谀谄媚的甜言蜜语赢得父王赏赐的王国领地之后，忘恩负义，二女同心，残忍无情地将放弃王权、只图优哉游哉颐养天年的李尔逼疯！

八、《李尔王》：新旧"李尔"孰优孰劣？

对于莎士比亚让李尔有两个坏女儿、一个"灰姑娘"品格好女儿，也有人认为他借鉴了著名民间故事《灰姑娘》（*Cinderella*）的故事。希腊地理学家、哲学家、史学家斯特拉博（Strabo，约公元前64—公元23）曾于公元前1世纪在其所著《地理志》（*Geogrphica*）中记述了一位希腊少女洛多庇斯（Rhodopis）远嫁埃及的故事，这向来被认为是《灰姑娘》的最早版本。后来，该故事逐渐在世界各地流传、演绎，中世纪阿拉伯人的《一千零一夜》里也有类似的故事。在欧洲，《灰姑娘》的故事最早见于那不勒斯诗人、童话采集者吉姆巴地斯达·巴希尔（Giambattista Basile, 1566—1632）1635年出版的《五日谈》（*Pentamerone*），名为 La Gatta Cenerentola，（也称 *The Hearth Cat*《炉边的猫》）。这个故事为后来法国作家夏尔·佩罗（Charles Perrault, 1628—1703）《鹅妈妈的故事》（1697年）和德国《格林童话集》（1812年）中"可怜的灰姑娘"奠定了基础。由此，我们只能把《灰姑娘》视为莎剧《李尔王》的诸多原型之一，即便有借鉴，更多的可能是来自洛多庇斯的故事，毕竟考狄利娅像洛多庇斯远嫁埃及一样嫁到了法兰西；当然，这也可能来自《一千零一夜》。

1603年，还有一件大事对莎士比亚写《李尔王》十分重要，那便是由语言学家、词典编纂者约翰·弗罗洛（John Florio, 1553—1625）翻译成英文的《蒙田随笔集》（*The Essays of Montaigne*）出版了。莎剧《李尔王》的戏剧语言及其中一些闪烁着睿智光芒的哲学理念，无不清晰显露出，莎士比亚在写《李尔王》之前，认真研读过蒙田（Michel Montainge, 1533—1592）这位16世纪法国人文主义思想家的这部有"思想宝库"之誉的名著。

不难想象，对于像莎士比亚这样旷古罕见的编剧天才，有了足够丰富、手到擒来的"原型"故事，有了内涵宏阔、得心应手的哲思语言，他的《李尔王》没有理由不跻身伟大戏剧之列。

5. 托尔斯泰眼里的《李尔王》

在此论及两个"李尔"孰优孰劣,完全是因为俄国文豪列夫·托尔斯泰(Leo Tolstoy,1828—1910)在其晚年写下了以莎士比亚的《李尔王》为靶标而全力开火的长篇专论《论莎士比亚及其戏剧》。

此文开篇时提到,在莎士比亚的《李尔王》(King Lear)之前,曾有一部名不见经传的同名旧剧《李尔王及其三个女儿的真实编年史》(King Leir,也译为《李尔王》,为了区别以下称为"老"《李尔王》)。

对这部旧剧"老李尔",托翁真可谓钟爱有加、推崇备至,与之相比,他一点儿也瞧不上莎剧《李尔王》,觉得它愚蠢、啰嗦、空洞、粗俗、不自然、无法理解,全篇充斥着难以置信的事件、疯狂的胡言乱语,以及沉闷的笑话,另外,像年代错乱、无关的东西、下流的东西、过时的场景设置及其他道德和审美方面的错误,也比比皆是。一言以蔽之,托翁认定莎剧《李尔王》是"剽窃了那部更早、更好却不知作者是谁的旧剧《李尔王》",剽窃之后还给搞砸了。不仅如此,《李尔王》把莎士比亚所有剧作中的缺点、毛病都占全了。由于这些缺陷,莎剧非但不能称为戏剧艺术的典范,甚至连人们所公认的最起码的艺术要求都难以达到。

果真如此吗?

在托翁眼里,莎剧《李尔王》的剧情是出于作者随性的安排,<u>丝毫不符合人物性格</u>。比如,李尔没有任何必须退位的理由。同样,他跟女儿们过了一辈子,也没有理由只听信两个大女儿的言辞而不听小女儿的真心话;可他整个命运的悲剧性却是由此造就。另外,作为剧情副线的葛罗斯特与他两个儿子的关系,也极不自然。葛罗斯特和埃

八、《李尔王》：新旧"李尔"孰优孰劣？

德加的命运遭际，皆因葛罗斯特像李尔一样轻信了最拙笨不过的骗局，对于被骗的儿子是否真的犯了欲加之罪，他连问都不问一句，就诅咒他，并下令缉拿。

除此之外，李尔之于三个女儿的关系与葛罗斯特同两个儿子之间的关系，完全雷同，这尤其令人强烈感到，两者均不符合人物性格和剧情的自然发展，纯属主观臆造。李尔没能认出昔日的老臣肯特，同样牵强，明显出于臆造。因此，李尔和肯特的关系并不能唤起读者或观众的同情。至于那个无人识破的埃德加的情形，也不过如此。更有甚者，他把失明的父亲领到一片平地，让父亲跳跃，竟能使父亲确信自己真的是从峭壁上跳下来的。

这还不算，对莎翁不依不饶的托翁更进一步以为，全部莎剧中所有人物的生活、思想、行动，没一样儿能跟时间、地点交相适合。拿《李尔王》来说，故事情节发生在基督诞生前800年，而舞台人物却全然处在中世纪的条件之下：活动在剧中的有国王、公爵、军队、私生子、侍臣、随从、医生、农夫、军官、士兵、戴脸甲的骑士，等等。

托翁由此表示，假如把所有莎剧中随处可见的时代错误放在16世纪初和17世纪初，或许还能刺激人们产生幻想，而在现代（他本人所处的托尔斯泰时代），要人们饶有兴趣地去关注在莎翁笔下的时代错误中不可能发生的事件，已经不可能了。

托翁举例说，像李尔奔走在荒野时那场罕见的暴风雨，以及他像《哈姆雷特》中的奥菲莉亚一样匪夷所思地把杂草野花披在头上，还有像埃德加的打扮、弄臣嘴里那些不着调的话、埃德加以骑士装扮出现，这一切非但没有起到加深人们印象的效果，甚至起了反作用。

托翁对莎剧结尾特别不屑，他认为莎剧结尾的戏剧效果都是刻意制造出来的，当人们看到那些在结尾处无一例外被人拽着两腿拖出来的若干死人，非但不会感到恐惧、悲悯，反而会觉得好笑。

托翁难以理解，为什么人们惯于相信莎士比亚特别擅长塑造戏剧人物，认为他笔下那些人物性格丰富多彩、异常鲜活，像活在现实中的人一样，而且，这性格在表现舞台上某个人物特性的同时，还表现出了一般人的特性。人们甚至喜欢说，莎士比亚塑造的人物性格尽善尽美。人们不仅乐于相信这一点，对此抱有极大信心，还把这当成毫无疑义的真理，津津乐道。

可是，托翁从莎剧中获得的真知灼见总是与人们的普遍共识相反。比如，他认为无论过去、现在，随便哪个活人都不会像李尔那样说话，什么里根如不接待他，他就到阴曹地府跟妻子离婚；什么苍穹震裂、狂风暴虐，什么风要把大地卷入海洋；或像绅士（侍臣）形容暴风雨时所说，肆虐的波涛要吞没陆地；或像埃德加说的，"当悲痛遇知己，苦难有伙伴，那心灵便可以跳过许多苦难，"什么"他（李尔）受女儿难如同我受父亲难"，等等。而莎剧中所有从人物嘴里说出来的话，都是如此这般的不自然。

托翁对莎翁真是一丝一毫也不放过，他一口咬定从没有一个大活人像莎翁笔下的人物那样说话，且远不止于此，这些人物都犯了语言毫无节制的通病。不管情人，还是赴死之人，也不论斗士，还是弥留之际的人，都会出乎意外地瞎扯一通驴唇不对马嘴的事情，他这样写，大多不是为了表达思想，而只图能谐音押韵和语意上的双关。

在托翁看来，莎翁笔下的所有人物都说着千篇一律的话，这些话都是莎士比亚替人物说的。在莎剧《李尔王》中，李尔的疯话一如埃德加的梦呓，肯特和弄臣也这么说，根本无法从人物的语言特点来分辨说话的人是谁。一句话，莎翁塑造戏剧人物所依赖的唯一手段——语言，实在糟糕透了。

托翁义正词严地指出，起码在艺术上，"把莎士比亚的作品说成是体现了美学和伦理上完美境界的伟大的、天才之作，这种说法不但蛊惑过去，现在都给人带来极大害处。……这种害处表现在两个方面。

八、《李尔王》：新旧"李尔"孰优孰劣？

第一，表现为戏剧的堕落以及这种重要的进步手段被空虚和不道德的娱乐取代。第二，向人们提供了效仿的坏榜样，并以此对人们造成直接腐蚀"。

单就戏剧这种艺术形式而言，托翁强调，推崇莎士比亚已带来不良后果，它不仅影响到一批缺少才华的普通作家，甚至影响到一些卓有成就的作家。托翁不无失落地感慨：由于莎士比亚戏剧被确认为尽善尽美的杰作，并应像莎士比亚那样去写作，任何宗教内容、道德内容都不需要，于是，所有的剧作家便都一窝蜂地东施效颦，开始编写内容空洞的戏剧，如歌德、席勒、雨果，即便他的俄国同胞普希金和奥斯特洛夫斯基的戏剧，以及阿·托尔斯泰（1817—1875，俄国诗人、戏剧家）的历史剧，都概莫能外。

莎翁对普通观众或读者会产生怎样的影响呢？托翁对此忧心忡忡，他断言，假如活在当代的每一个步入社会的青年，他们心目中道德上的完美典范，不是人类的宗教导师和道德导师，而首先是莎士比亚（博学之士确认他既是人间最伟大的诗人，又是最伟大的导师，并把这视为颠扑不破的真理千秋永传），那青年人将无法不受到这一有害的影响。……更要命的是，当他一旦接受了渗透在全部莎剧中的不道德的世界观，他就会丧失明辨是非善恶的能力。

莎翁罪莫大焉！

怎么办？托翁殚精竭虑教导、规劝人们要尽力摆脱莎翁，而且，摆脱得越快越好。托翁不仅以判词的方式不徇私情地一票否决了"专以娱乐消遣大众为宗旨的莎剧"，还对当时模仿莎翁的其他"渺小而不道德的"效颦之作一笔勾销。可是，在托尔斯泰的时代，能够成为人生指南的"真正的宗教戏剧"十分匮乏，又怎么办？托翁的训诫是：人们必须想方设法"从其他源泉寻求人生指南"。论及此处，托翁倒显得比较谦逊，他并没有一厢情愿地直接倡导人们要像扑在面包上的饿汉那样，去读《安娜·卡列尼娜》和《复活》。

斯特拉福德圣三一教堂,1564年4月26日,莎士比亚在此受洗,1616年4月25日,莎士比亚在此入葬

6. 托尔斯泰眼里的"老李尔"

托翁对莎翁由反感、厌恶而诟病，也许源于他对艺术创造的原创性有一种与生俱来的洁癖，连半点亵渎都无法容忍。在他眼里，"人们所以确信莎士比亚在塑造人物性格上臻于完美，多半是以李尔、考狄利娅、奥赛罗、苔丝狄蒙娜、福斯塔夫和哈姆雷特为依据。然而，正如所有其他人物的性格一样，这些人物的性格也并不属于莎士比亚，因为这些人物都是他从前辈的戏剧、编年史剧和短篇小说中借来的。所有这些性格，不仅没有因他而改善，其中大部分反而被他削弱或糟蹋了"。

事实上，若拿艺术原创性这一严格的标尺来衡量，所有莎剧的确没有一部属于真正意义的原创，只是其编剧手法或可算原创。或许正是这一点让托翁认定，莎剧上不了原创艺术的台面。不过，要是放在今天，莎式编剧法估计还真难逃抄袭、剽窃之嫌。

凝眸历史，迄今为止，几乎所有莎剧都健康地活了400多岁。显而易见，他那个遥远时代的剧作家以托翁所说的"借来的"方式从事戏剧创作，这是一种常态。换言之，生于1564年的莎翁占尽了时间的便宜。随着时间的无情淘洗，许多被莎翁"借来的""前辈的戏剧、编年史剧和短篇小说"都已渺无声息。假如莎剧读者没有天生来的戏剧考古癖，也没有稽考、挖掘这些"原创艺术"的兴趣偏好，对他们来说，那些"借来的"东西，尽管其中有些还十分珍贵，但都将踪影难觅。留下的唯一事实是：天长地久，莎翁不朽！

回到我们眼中"不朽的"莎翁这部在托翁眼里纯属"借来的"悲剧——《李尔王》。如前所说，莎剧《李尔王》根本不入托翁的法眼，他认为只要把剧中的人物形象与原剧"老李尔王"一比,包括李尔本人在内,尤其考狄利娅,不但谈不上是莎翁的塑造,而且大为逊色,个性尽失。

论及此处,我们倒可以有机会跟随托翁之眼,领略一番佚名作者的"老李尔"是否比莎翁的李尔更具艺术风采。

原剧中,"老李尔"退位是因丧偶后要求得心灵之解脱。他向女儿们询问孝顺之心,是为了施行事先已安排的计策:他要把最心爱的小女儿考狄利娅(Cordella,莎翁的考狄利娅拼写与此只差一个字母,为 Cordelia)留在自己的岛国。两个大女儿高纳里尔、里根(莎剧中两人名字的拼写则与"老"《李尔王》完全相同),而小女儿并不想嫁给"老李尔"提婚的任何一个附近的求婚者,可"老李尔"最担心的就是她嫁给任何一位远方的国王。

如同"老李尔"对侍臣佩里路斯(Perillus,莎剧中的肯特)所说,他的计策是:假如考狄利娅说她爱父王胜过任何人,或也像两个姐姐那样说,那他就会让考狄利娅为证明自己的孝心,嫁给他所指定的本岛的一位王子。

莎剧中的李尔没有这样的动机。原剧中,当"老李尔"询问三个女儿如何爱他时,考狄利娅的话并不像莎剧中那样说得极不自然,假如出嫁就不会全身心地爱父王,因为她还要爱丈夫;原剧中的她只是说,她的孝心无以言表,唯愿以自己的行为作证。两个姐姐横加指责,认为她这话不算回答。父王对这样的冷硬心肠无法容忍,甚至骂她"杂种",而把她的两个姐姐形容为"基督世界里最可爱的基路伯(天使)"。如此,愤怒的"老李尔"当然有理由拒绝将财产分给小女儿,这一场戏在莎剧中没有。"老李尔"因计策失败十分恼火,两个大女儿的谗言更是对他产生了刺激。原剧中,当两个大女儿平分王国之后,紧接着是考狄利娅与高卢国王(King of Gaul)的一场戏,此处的考狄利娅可不像莎剧中的小女儿那么没有个性,而是性格极其鲜明动人:真诚、温柔,勇于牺牲自我。

考狄利娅不会为丢掉一份财产黯然神伤,却为了失去父爱愁容满面、独坐一隅,她并不记恨父亲,而是希望通过自己的双手去挣饭吃。恰在此时,一身巡礼者装扮的高卢国王来了。他本来就想在"老李尔"的女儿中为自己物色新娘。他问考狄利娅为何忧伤,考狄利娅便将内心的愁苦实情相告。对考狄利娅一见倾心的这位"巡礼者",说要替她向高卢王提亲,可考狄利娅却说,她只能嫁给所爱之人。于是,"巡礼者"向她求婚,考狄利娅也坦承已爱上"巡礼者",并不顾前路等着她的艰辛穷困,答应嫁给他。"巡礼者"不再隐瞒,说自己就是高卢王,两人成婚。

而莎剧中,替代这一场景的是李尔同时提议两位求婚者迎娶已毫无嫁妆的考狄利娅,一位求婚者粗暴拒绝,另一位则匪夷所思地娶了她。

此后,原剧中的场景也像莎剧中一样,"老李尔"搬到高纳里尔处,受到侮辱。不过,与莎剧不同,"老李尔"完全是以逆来顺受的态度承受了这些侮辱,他觉得这是他对考狄利娅所作所为的因果报应。托翁觉得在"老李尔"身上,还体现出一种他认为莎士比亚所不具备的宗教感,因为"老李尔"认为所发生的一切都是上帝的意愿,唯有遵从。

如同莎剧一样,原剧中那个因袒护考狄利娅而遭放逐的佩里路斯(肯特的原型),来到"老李尔"面前。他并没有乔装易容,他来只是为要告诉国王,他是一个不因国王落难就遗弃他的忠臣。他努力说服国王,他是爱他的。国王对他如此尽忠深信不疑,安下心来,跟他一起来到里根的地盘。原剧中根本没有暴风雨,当然也就没有"老李尔"在暴风雨中像莎剧李尔那样撕扯白发。"老李尔"只是一个心怀悲伤、年迈体弱却又和善温顺的老人,但又被二女儿里根撵走了,里根甚至对他起了杀心。原剧中,遭两个女儿驱逐的"老李尔"是在走投无路之下,带着佩里路斯去找考狄利娅的。他没像莎剧中那样,那么不自然地被赶到暴风雨里,也没有在荒野奔跑,他只是在佩里路斯的陪伴下赶往高卢,一路之上,十分自然地陷入极度的贫苦。为坐船渡海,他们卖掉衣服。最后,当他们饥寒交迫、一身渔夫装束走近考狄利娅宅邸的时候,已是精疲力竭。

原剧中,浑然天成的父女重又欢聚的场景,代替了莎剧中李尔、弄臣和埃德加一派"矫揉造作"的疯言痴语。沉浸在幸福里的考狄利娅始终因惦念父亲而忧伤不已,她甚至祈求上天饶恕对父亲犯下忤逆不孝之罪的两个姐姐。她接待了走投无路的父亲,并想立刻明白无误地告诉他,自己是他的女儿。但丈夫高卢王为避免极度衰弱的老人过于激动,劝她先别急于父女相认,她同意了。于是,不明实情的"老李尔"留下来,考狄利娅像个陌生人似的来服侍他。"老李尔"的脑子逐渐恢复过来,一天,考狄利娅问他,他是谁,来此之前的生活是怎么过的。

如果从头说起,——李尔说,——心如铁石之人听了也会哭泣。而你,可怜的人儿,如此善解人意,我还没开口,你就开始落泪。

看在上帝仁爱的情分上,说吧,——考狄利娅说,——等您说完,我会告诉您,为何在您说之前,我先落了泪。

闻听此言,"老李尔"开始讲述他如何受到两个大女儿的虐待,并说现在要向另一个女儿求助,而假如被她处死,也是罪有应得。

"假如她,——他说,——热情接待我,那只是上天和她所为,并非我理所应得。"考狄利娅回答:"啊!我的确知道,您的女儿会热情接待您。"——"你又不认识她,——李尔说,——怎么会知道?""我知道,——考狄利娅说,——因为我在远方有一个父亲,他对我也像您待她一样坏。可只要我看见他的斑斑白发,我就会匍匐着去迎接他。"——"不,不可能,——李尔说,——人世间再没有比我女儿更残忍的孩子了。"——"不要因为一些人有过错就去责备所有人。——考狄利娅边说边跪下身来。——您瞧,亲爱的父亲,——她说,——瞧着我,是我,我就是爱您的女儿。""老李尔"认出了考狄利娅,连忙说:"不该你下跪,跪的应该是我,我恳求你饶恕我对你犯下的一切过错。"

托翁在不惜花费篇幅详细引述了"老"《李尔王》的剧情之后,反问:"莎剧中的场面有这样迷人吗?"

在托翁眼里,原剧"老"《李尔王》在一切方面都无比地胜过莎剧《李尔王》。有趣的是,托翁心里十分清楚,在莎翁崇拜者的眼里,他的这一看法肯定显得特别怪诞。

总之,托翁认为"老李尔"之所以比"李尔"出色,主要在于:第一,原剧中没有诱人分神的纯属多余的角色——恶棍埃德蒙、无精打采的葛罗斯特和埃德加;第二,原剧没有营造特别虚假矫饰的效果——李尔在荒野一路狂奔、对弄臣所说的话、一切不可能发生的乔装打扮和互不相认,以及剧中人物的大量死亡。最为重要的是,原剧中的单纯、自然和深深打动人心的"老李尔"的性格,还有更为生动、鲜活异常、美丽善良的考狄利娅的性格,是莎剧所没有的。另外,原剧也没像莎剧那样,用不必要的考狄利娅之死,把"老李尔"与她见面的几场戏给糟蹋了。与之相反,原剧中"老李尔"与考狄利娅父女和好的场景,是那么令人神往。

论及此处,动了感情的托翁甚至这样断言:"如此动人的场景,在全部莎剧中也找不出一场堪与之媲美。"

托翁对原剧"老李尔"的结尾也十分激赏,认为它比莎剧《李尔王》"更自然、更符合观众的道德要求"。原剧结尾是:高卢国王打败了考狄利娅的两个姐夫,考狄利娅也没有惨死,而是帮助"老李尔"复归王位。

最后,也许我们会提一个问题,被托翁如此赞誉的原剧"老"《李尔王》是一部皆大欢喜的"道德"喜剧,而莎剧《李尔王》却是一部揭示人性、人情的大悲剧,两者能同日而语吗?

7. 奥威尔眼里的托尔斯泰

莎翁的后辈同胞，著名小说家、批评家、政治讽喻小说《一九八四》的作者乔治·奥威尔（George Orwell, 1903—1950），1947年写过一篇题为《李尔、托尔斯泰与弄臣》（Lear, Tolstoy and the Fool）的文章，对托翁的莎翁观做了有趣而耐人寻味的剖析。

奥威尔想不明白，托翁何以对莎翁始终存有"一种无法抗拒的反感、厌恶"。在一次次反复阅读了俄文版、英文版、德文版的莎翁戏剧之后，托翁居然仍"一成不变地经历了同样的感受：厌恶、腻烦、疑惑"。当他以75岁的高龄再一次通读完《莎翁全集》，"同样的感受更为强烈。不过这一次，我不再疑惑，而是坚定地、明白无误地确信：如同每一个谎言一样，莎士比亚所享有的那种不容置疑的杰出天才的荣耀，驱使我们时代的作家去模仿他，驱使读者和观众去发现在他身上并不存在的价值，这本身就是一种大邪恶"。他进而补充说，莎士比亚哪里算得上什么天才，简直连当"一名普通作家"都不够格。

奥威尔举例说明托翁在论及莎剧《李尔王》第三幕第二场暴风雨中的李尔、肯特和弄臣时，漫不经心地说："李尔在荒野走来走去，说的话意在表达绝望：他要狂风肆虐，吹裂脸颊；要暴雨淹没一切，要闪电烧焦他的白头，要雷霆荡平世界、摧毁一切'忘恩负义之人'的胚胎！弄臣嘴里不停叨咕着莫名其妙的话。肯特入场。李尔说，由于某种原因，得在这场暴风雨中找出所有的罪犯并对他们进行宣判。未被李尔认出的肯特使劲说服李尔躲到一个小屋避风雨。这时，弄臣说了句与剧情完全无关的话，然后就各走各的了。"

奥威尔对托翁有两点分析十分有趣，也许说分析得异常犀利更为准确。

第一，或许在托翁心底一直住着一个谁也看不见的李尔，因为托翁本人就像李尔，一生最令人敬佩的事便是宏大慷慨的"弃世行动"：垂暮之年，放弃了自己的地产、头衔和版税，尝试——尽管没成功，却是真诚地尝试——脱离自己的特权地位，去过农民的生活。但他更像李尔的地方在于，错误的动机并没有导致希望的结果。按照托翁的理念，人人都以幸福为目标，而幸福只有执行上帝的意志才能实现。可要执行上帝的意志，就要抛弃世俗的快乐和欲望，并只为他人活着。于是，托翁最终弃世，期望可以由此获得幸福。不过，显而易见，托翁晚年不仅一点儿不快乐，反而几乎被周围人的行为逼得发疯，那些人迫害他恰恰是因为他的弃世。此时的托翁几乎就是李尔的化身（对李尔来说，放弃王位等于弃世），对人失去了分辨是非好坏的能力，却毫无谦逊之心。他身着农民的上衣，仍倾向于在某些时候恢复贵族的态度，最后就连他曾无比信任的儿子也背叛了他。只是这一背叛没有里根和高纳里尔的方式那么极端。另外，托翁对性夸大的厌恶，也明显与李尔相似。在托翁眼里，婚姻意味着"奴役、满足与反感"，意味着忍受身边的"肮脏、丑陋、污臭、伤痛"，这与李尔发飙时的那句名言——"腰带以上归天神，腰带以下属妖魔。那儿是地狱，那儿是黑暗，那儿是硫磺坑：吐着火舌，灼热烫人，发出恶臭，整个溃烂。"［4.6］——倒有十二分的相似。

诚然，尽管托翁在评论莎翁时对此"远景"尚无法预见，但颇为吊诡的是，他最后终结生命的方式似乎也有某种李尔的阴影：托翁在一个孝顺女儿的陪伴下仓促逃家，"在一个奇怪村庄的一间木屋里"与世长辞。

第二，或许托翁一开始阅读莎翁，就把一种醋意的嫉妒，甚至嫉恨深藏在了自己的潜意识里。一方面，他看不出莎翁戏剧有什么艺术价值，因此，对屠格涅夫等同时代作家们如此喜欢莎翁十分吃惊。但

八、《李尔王》：新旧"李尔"孰优孰劣？

不管别人怎样，他反正横下一条心，"你喜欢莎士比亚，我偏不。就这样好了！"另一方面，由于他对莎翁的不屑一成未变，像"林子大了，什么鸟儿都有"这样自我安慰的看法，逐渐转化为内心的焦虑，他觉得莎剧对他来说是危险的，因为人们越多地欣赏莎士比亚，就会相应减少对自己的欣赏，这令他绝难容忍。因而，就像不许任何人抽烟或喝酒一样，他不许任何人欣赏莎翁。不过，他并没有强力阻止，没要求警察对莎翁的每一部剧作进行查抄，但只要有可能，他就不会放弃揶揄、污蔑莎翁，他要竭尽所能进入每一位莎翁"粉丝"的头脑，用他那自相矛盾的，甚至连诚实性都值得怀疑的论证，去施加影响。

托翁谴责莎翁真是不遗余力，就像一艘战舰上的大炮同时开火。可效果如何呢？莎翁毫发未损，托翁试图推倒莎翁的初衷只剩下那几页发黄的纸张，几乎再无人问津。不难想象，假如托尔斯泰没有写过《战争与和平》《安娜·卡列尼娜》，早就被人遗忘了。

奥威尔认为，托翁的莎翁观是建立在武断的假设之上的，而且，托翁所依赖的不仅是人人均可随意解释的模糊术语，还使用了许多无力的或不真诚的论据，因为托尔斯泰式的艺术理论本身基本一文不名，同时，这也证明托翁对莎翁的攻讦充满了恶意。比如，当他描述李尔怀里抱着考狄利娅的尸体说话时，竟是如此戏谑的大不敬口吻："李尔王糟糕透顶的狂呼乱叫又开始了，这真令人害臊，感觉像听了蹩脚的笑话似的。"

奥威尔似乎有意提醒人们，托翁对莎翁的恶意无处不在。比如，在他看来，李尔心甘情愿放弃王位，是因为他期待并相信每个人都依然会对他以国王相待。他不可能事先看到在他放弃王位以后，会有人利用他的弱点；还有那些像高纳里尔和里根的阿谀谄媚之人，正是后来谋逆作乱的反叛。因此，一旦发现有谁对他不再言听计从，他就勃然大怒。实际上，这完全符合李尔的性格。而在托翁眼里，这"奇怪且不自然"。

奥威尔认为,处在疯狂和绝望中的李尔经历了两种情绪,尽管有一种情绪极有可能是莎翁要部分地把李尔当成自己意见的传声筒,但从李尔的性格来看,这两种情绪也十分自然。这两种情绪,一种是极度的反感,一种是无力的暴怒,通过前者,李尔悔恨自己曾经做过国王,平生第一次对徒有其表的法律和民众道德的腐败感同身受,而由后者,李尔幻想着对背叛他的人实施强力报复,要叫"一千个魔鬼把嘶嘶作响的火舌吐到她们身上"。而且,"给一群马的马蹄子都钉上毡子,倒是一条神机妙算:我要这么试一下,等我偷偷冲进我那两个女婿的军营,我就杀,杀,杀,杀,杀!"〔4.6〕直到最后,当他清醒了,才真正意识到权力、复仇和胜利,毫无价值:"不,不,不,不!来,我们到牢房去。……在牢狱的高墙之下,我们倒要活着,看那些结党营私的权贵们,他们的命运如何像潮汐一样起落浮沉。"〔5.3〕不幸的是,对他来说为时已晚,他和考狄利娅注定要死去。

在奥威尔眼里,这么一个精彩的故事,却让拙笨的叙述者——托尔斯泰——讲砸了。

还有一点令奥威尔觉得怪异,那就是在托翁眼里,莎翁戏剧被奉为艺术经典是德国人鼓噪炒作的结果。换言之,是德国人将荣誉的桂冠戴在莎翁头上,使他声名鹊起,他的荣耀"源于德国,并从那里传回英国"。

德国人何以要为莎翁抬轿子呢?托翁断言,那正是德国戏剧不值一提而法国古典主义开始显得矫揉造作、僵而不死之时,莎剧情节的灵妙变化,不仅使他们着迷,还使他们在莎剧中发现了对自身生活态度的美好表达。正因为此,一经歌德宣布莎士比亚是一位伟大的诗人,其余的批评家便如影随形般紧随左右,学舌鹦鹉似的蜂拥而上,也正是从这个时候开始,人们对莎士比亚的广泛痴迷持久不衰。面对此情

八、《李尔王》：新旧"李尔"孰优孰劣？

此景，托翁选择向莎翁开战。

在托翁眼里，"对莎士比亚的虚假的美化"是一桩大罪恶。可惜，我们无从知道他是否读过德国大诗人海涅在其《莎士比亚的少女和妇人》（Shakespeare's Girls and Women）一文中，对莎翁，尤其对莎剧《李尔王》毫不吝啬的溢美之词："诗人在《李尔王》的第一幕，就为我们展示出一幅比一切魔界鬼域更为恐怖可怕的场景，一种冲决一切理性堤坝的人的激情，这激情在一个疯癫国王的可怕气势中狂吼怒号，拼命与肆虐咆哮的大自然竞赛。……是一桩非比寻常的伦理事件触动了那所谓没有生命的自然吗？在自然与人情之间是否存在一种明显的亲和关系呢？我们的诗人是否看到了这一点并想将它再现出来？"在海涅眼里，莎剧《李尔王》是一座迷宫，批评家会在里面迷失方向，遇到危险。"要对莎士比亚这部天才横溢到令人晕眩高度的悲剧进行批评，几乎是不可能的。"

不去管托翁了，让我们带着海涅的疑问和"不可能"进入"李尔"的内心世界。

8.《李尔王》与《旧约·约伯记》之异同

前边提到,托尔斯泰眼里的莎剧《李尔王》完全是一部从别处"借来的"悲剧,而对于它都"借来"了哪些"原型故事",我们也或多或少做了稍详或略简的论析。不得不承认,并必须表达由衷钦佩的是,莎翁真是一位世所罕见的顺手擒"借"的奇才,干脆说吧,他简直就是一个既擅长、又能够,且特别会由"借"而编出"原创剧"的天才。不论什么样的"人物原型""故事原型",只要经他的艺术巧手灵妙一"借",笔补神功,结果几乎无一不是一个又一个的"原型"销声匿迹无处寻,莎剧人物却神奇一"借"化不朽。因而,对于莎翁读者、观众,尤其学者来说,不论阅读欣赏,还是专业研究,都仿佛是在莎翁浩瀚无垠的戏剧海洋里艺海拾贝,无疑,捡拾的莎海艺贝越多,越能走近、走进莎翁。

既论及到《李尔王》是"借来的",最不该、也最不能忽略的最关键、最重要一"借",自然是从题材、人物、故事、母题、意象、隐喻、象征、典故、释义、转义、思想等诸多层面,全方位滋养与丰富了莎翁作品的用之不竭的巨大活泉——《圣经》。引英国著名莎学家弗雷德里克·撒母耳·博厄斯(Frederick Samuel Boas, 1862 – 1957)的话一言以蔽之:"《圣经》是莎士比亚取之不尽的源泉,甚至可以说,没有《圣经》就没有莎士比亚的作品。……即便有谁能禁止《圣经》发行,把它完全焚毁,永绝人世,然而《圣经》的精神结晶,它对于正义、宽容、仁爱、救赎等等伟大的教训,及其罕贵无比的金玉良言,仍将在莎士比亚的作品中永世留存。"换言之,莎翁作品凝结着《圣经》的"精神结晶"。生于1925年,从日本东京上智大学荣退的英国文学教授彼得·米尔沃德牧师（Father Peter Milward）曾在其《威廉·莎士比亚》（*William Shakespeare*）一书中断言："几乎《圣经》每一卷都至少有一个字或一句话被莎士比亚用在他的戏里。"

总之，莎士比亚对当时通行的所有《圣经》英译本都烂熟于心，他当然不会照搬（托翁所说的"借来"）"老"《李尔王》的样子，而是化用《圣经》的典故、意象。我们要说的是，莎剧《李尔王》对《圣经》的参照，几乎是不落痕迹的活用。这不是问题，问题在于，莎剧《李尔王》是否确实把《旧约·约伯记》作为重要"原型"进行了令人称奇的灵活妙用。这在莎学界向有两种不同意见，一是认为莎剧《李尔王》整体上就是对约伯模式的悲剧性应用，二则认为拿莎剧《李尔王》跟《约伯记》相比根本不能令人信服，因为两者的结局收场截然不同，前者大悲，后者大喜。

关于《约伯记》的作者，大致说法有三：一说是摩西，其成文与"摩西五经"同时；二说它的成文比"摩西五经"还要早，若纯按时间算，《约伯记》该是《旧约》的开卷首篇；三说《约伯记》应是大卫王或所罗门王时期所写。无论哪种说法，都不妨碍我们将莎剧《李尔王》和《约伯记》并置一处，聚焦比对。

《约伯记》历来被认为是《圣经》中最迷人的章节之一，像苏格兰哲学家、讽刺作家、史学家托马斯·克莱尔（Thomas Carlyle, 1795—1881）甚至视它为"人类写下的最伟大诗篇。无论是跟《圣经》中的其他篇章，还是和《圣经》之外的文学作品比，没有什么堪与《约伯记》相媲美"。另一位苏格兰小说家、被誉为1945年以来最伟大的50位英国作家之一的穆里尔·斯帕克（Muriel Spark, 1918—2006）甚至说，"约伯问题是人类唯一值得探讨的问题"。

下面，我们把李尔放到"约伯的天平"上称一称。

(1) 诸神与上帝

《约伯记》讲的是基督教世界的上帝和约伯之间的故事,简言之就是,上帝以其"天意"安排他的仆人约伯受苦,最后再以"天意"安排他苦尽甘来,得享天年。而从莎士比亚为李尔王设定的故事发生在耶稣基督诞生前七个世纪的古不列颠这一背景看,与基督教毫不相关。由这个细节,我们也可以判定,朱生豪、梁实秋、孙大雨三位前辈在其所译《李尔王》中,均将"诸神""天神""上天"译为"上帝",既不恰切,也不准确。尽管考狄利娅明显是一个"圣经女人",或一个"圣女",或基督教女性形象,但在莎剧《李尔王》中自始至终没有出现"上帝"这个字眼。李尔曾"以阿波罗起誓"[1.1],"以朱庇特起誓"[1.1;2.4],一听高纳里尔无端责骂自己的侍从,也曾立刻发出严厉的诅咒:"高贵的女神,听我诉说!假如你打算让这贱货生儿育女,就收回成命吧[1.4]。"这是莎翁刻意而为的高妙,他让李尔向"诸神"祷告,向"众神"祈求,向"上天"呼号,就是没向"上帝"求助。莎翁塑造的是一个活在基督教外多神异教世界里的不列颠国王,他要彻底表现这位遭遗弃的国王作为一个"人"的悲剧,这个人是李尔,不是基督徒。

(2)李尔与约伯

《约伯记》篇首第一段说:"有一个人名叫约伯,住在乌斯地区;他是一个清白、正直之人,敬畏上帝,远离邪恶。他育有七子、三女。他有七千只羊,三千只骆驼,一千头牛,五百匹驴。此外,仆人成群,算是东方人里的首富。"

从表面上看,李尔只有"三女"一项与约伯相符,其实不然,莎剧《李尔王》分明透露出,李尔像约伯一样,"是一个清白、正直之人","敬畏神明"(李尔敬畏的自然不是约伯的上帝),"远离邪恶"。是的,李尔做人十分清白,虽然剧情没有交代李尔的王后何时驾崩,但李尔始终孤身一人，不要说与人通奸，连一点桃色绯闻都没有。这连葛罗斯特都没有做到，埃德蒙便是他偷情的产物。所以，当失去王权的李尔再次见到里根时，才会那么理直气壮地说："要是你见了我不高兴，我就要跟你躺在坟墓里的母亲离婚，那也就成了淫妇之墓。"［2.4］言外之意是：你若对我不孝，只能说明你不是我的亲女儿，而是王后与人通奸生了你。可见，对通奸深恶痛绝的李尔像约伯一样："假如我对邻居的妻子起了淫念，/ 在他门口窥伺机会，/ 就让我的妻子去替别人烧饭吧！/ 就让她去睡在别的男人的床上吧。/ 这是罪大恶极的事，/ 这是该受死刑的罪。"

李尔也是正直的，他从未以国王之威权害过谁，所以，当他在暴风雨中的荒野一路狂奔的时候，向高高在上的众神无辜抱怨的是："我是一个没犯过罪却受了大罪的人。"［3.2］

然而，比起是一个人，李尔更是一位威严的君王，当八十多岁的李尔亲手杀了那个绞死考狄利娅的凶手，并不无豪情地说出"我有过那样的日子，一挥起我那把锋利的弯刀宝剑，就能吓得他们抱头鼠窜"［5.3］这句话时，我们仿佛看到了昔日那个英勇神武、能征善战的开国之君的身影。李尔从不怀疑自己作为一国之君的威严，当失明的葛罗斯特听出他的声音，问他是不是国王的时候，他十分"清醒"地说："没错，从头到脚都是一个国王：我一瞪眼，看有哪个臣民敢不哆嗦。"［4.6］当李尔王命已下，将国土一分为二分别馈赠给高纳里尔和里根时，试图阻止的肯特开口道："威严的李尔，我一向敬您为君，爱您如父，尊您为主，祈祷中，也把您当成我伟大的保护人。"［1.1］而当遭放逐的肯特易容乔装成"凯厄斯"决心继续追随李尔时，他对李尔说："可是您的神态透着点儿什么，使我甘心把您叫作主人。"李尔问："是什么呢？"肯特只回答了两个字——"威严。"［1.4］也就是说，在肯特这位正直的朝臣心目中，尽管李尔会脾气暴躁大发王威，会因人老而变得昏聩，但李尔始终是一位值得他效命尽忠的威严的好国王。又因其威严，才会如此桀骜不驯，面对屈辱绝不肯臣服。事实上，肯特存在的价值之一就在于证明李尔绝非昏庸暴虐、骄奢淫逸之君，而是一位烙印着人性弱点的明君贤王。肯特之于李尔，实在很像约伯之于上帝。其实，李尔只想在主动放弃王权之后，过上约伯式的太平日子，安度晚年；却不曾想，非但没能如此，反而从威严的国君一下子身陷到了约伯式的苦难之中。这可怕的悲剧性，当然是莎士比亚要追求的戏剧效果！

(3) 约伯式的苦难

在《约伯记》里，约伯一成不变太平繁盛的好日子，随着撒旦向上帝"挑拨进谗言"而结束了。一天，上帝闲来无事，突然向撒旦问起在他眼里世间无二的好人约伯的情况。撒旦似乎漫不经心地说："若非有利可图，约伯还会敬畏你吗？"敬畏上帝，是因为上帝保护他、赐福给他，他才能事事顺利，牲畜遍地，一旦把这些都拿走，约伯定会"当面咒骂"。上帝觉得有道理，答应任由撒旦"摆布"，把灾难降临在约伯头上，却不可伤害约伯。

李尔信了高纳里尔和里根说出的君王爱听的阿谀奉承话，葛罗斯特信了貌似替父着想，但实际上却是在构陷埃德加，而一心只想攫取爵位、财产的埃德蒙的话，同上帝信了撒旦出于为他"威严"着想的话，不很相似吗？

一切为了上帝的撒旦，出手狠毒之极，转瞬之间就夺走了约伯的所有子女和一切财产。见丧失了一切的约伯既没有去犯罪，也没有埋怨上帝，撒旦不死心，继续挑唆上帝，说这并不代表约伯虔敬，因为他自身尚好，毫发未损。上帝又允许撒旦继续打击约伯，但严令他不能杀死约伯。撒旦尽其所能让约伯一夜之间生满毒疮，浑身蛆虫、疥癣，皮肤溃烂破裂，连约伯的妻子都嫌弃他了，而他依然无怨无悔。

高纳里尔和里根非要裁撤掉李尔的100名侍卫，最后将他驱逐；埃德蒙陷害埃德加且非要置之死地而后快，跟撒旦对约伯痛下毒手，不很相近吗？

约伯受难时，三位朋友前来，先是陪他坐了七天七夜，而后就约伯是否有罪同约伯展开了九次论辩。他们告诉约伯，全能的上帝无所不知，他之所以遭此大难，皆因自己有什么过错，哪怕这错是不知不觉犯下的；他活该认命，接受惩罚，理应认罪，或可得到宽恕。约伯则坚称自己清白无辜，是纯粹的义人："但愿有人把我的灾难称一称，/有人把我的愁烦放在天平上；/它们比海滩上的沙还要重；/因此，不必因我的话粗鲁而见怪。/全能的上帝用箭射中我；/箭头的毒液流遍我全身。/上帝用各种恐怖的灾难击打我。"结果，谁也说服不了谁。这时，又来了一个朋友，他对约伯的劝慰与前三位友人大同小异。

发疯的李尔在暴风雨中，先是有弄臣、肯特、"可怜的汤姆"三位"友人"相伴，并不时以疯言疯语与三位"论辩"，而后又有第四位失去双眼的"友人"葛罗斯特加入进来，这跟苦难中的约伯先后同四位友人对话论辩的情景，不很相似相近吗？

十分可能的是，莎翁为《李尔王》从《约伯记》这篇《旧约》里的迷人诗篇"借来"一个成熟的叙事结构。

(4) 两个法庭

心怀对上帝的虔敬，可苦难中的约伯还是想不明白，时常陷入内心的苦闷、埋怨、矛盾、纠结、煎熬、挣扎，思绪繁杂，令他不胜其烦："他（上帝）破坏奸猾之人的奸计，/使他们的作为一无成就。/他使聪明人陷在自己的诡计中，/使他们的图谋全部落空。""上帝要赐给你的/远超过你所丧失了的一切。""不敬拜上帝之人跟蒲草一样；/他们一忘记上帝，希望就幻灭了。""他用暴风摧残我，/无缘无故地伤害我。/他不容我喘一口气，／却使我饱尝悲苦的滋味。""上帝使我衰弱无助，/他们就对我尽情侮辱。/这些下流人迎头攻击我，/他们使我奔逃，/……他们冲破了我的防御，/重重地压在我的身上。/恐怖击倒了我；/我的光荣随风飞逝，/富贵如过眼烟云。/现在我离死不远；/痛苦仍紧紧抓住我。/夜间我全身骨头酸痛，/剧痛不断地咬着我。/上帝束紧了我的领口，/又扭卷了我衣服。/他把我摔在污泥中；/我跟灰尘泥土没有差别。……我盼望得福却遭遇灾祸；/我期待光明却遇到黑暗。/我因痛苦愁烦而憔悴；/我夜以继日地在患难中。""上帝向我发怒，/把我当作他的仇敌。""邪恶之人吮吸毒蛇的毒汁，/毒蛇的舌头把他舔死了。""他沉重的责罚使我呻吟不已。""上帝向世人说：/敬畏上帝就是智慧；/离弃邪恶就是明智。""狂风要袭击他，毫不留情；/他拼命要逃脱，但没有效果。"

　　面对如此"天大"（上帝故意所为）的不公，怎么办？在此，我们要将"伟大"一词献给《约伯记》的作者，这位才华不输莎翁的诗人笔走乾坤，直接唤起约伯的个体意识，吁请上帝，他要在法庭向上帝抗辩，甚至要与上帝一同受审："求你同意我两项请求，/我就不从你面前躲藏；/求你别惩罚我，/求你别恐吓我。/上帝啊，你作原告，我来答辩；/或者让我起诉，你来答辩。我究竟犯了什么罪？""我的证人在天上，/他要起来为我说话。""我希望有人为我向上帝抗辩，/像人为朋友抗辩一样。"这是多么大的人类的气势啊！

　　暴风雨中的李尔不就是这样的约伯吗？当他王权在握、独断朝纲时，从不想自身的待遇公正与否，因为他就是权力，权力就是法官，法官就是公正。谁能审判国王？因此，发疯的李尔会问："他们怎么能判我私造货币罪：我本人就是国王。"［4.6］而当他一旦失去至尊王权，变得一无所有，感到平生从未受过的"天大"（君王乃一国之天）的不公时，他除了向"众神"发出要复仇、要夺回王位吁求的同时，也开始在疯狂的混沌意识里呼唤人间法庭审判下的公正。第三幕第六场，在葛罗斯特城堡附近那间作为临时避难所的农舍，意识模糊的李尔用幻觉搭建了一个法庭，他要马上开庭，公审高纳里尔和里根——被他赐予王权的两个女儿：

"事不宜迟，我这就审问她们。（向埃德加。）来，最博学的法官，您坐这儿，——（向弄臣。）您，聪明的先生，坐这儿；——来呀，你们这两只母狐狸！"

"我要先看她们受审，把证人带上来。（向埃德加。）您这位穿袍子的法官，请入座；（向弄臣。）还有您，他的司法搭档，坐他旁边；（向肯特。）您是陪审官，也请坐。"

"先审她，她叫高纳里尔。我在这儿向尊严的法庭宣誓，她曾用脚踢了她可怜的父王。"

"这儿还有一个，她那一脸横肉就写明了她的心是用什么做的。拦住她！抄家伙，抄家伙，拔出剑，点火把！贪赃舞弊的法庭！骗人的法官！为什么放她逃走？"

此时此刻，失去王权威严的李尔，想要通过公正的法律获得人权的尊严。

在《约伯记》里，约伯终以"上帝以苦难教训人，/ 以祸患开启人的眼睛"的智慧，明白了上帝叫他受苦遭罪的良苦用心。李尔也是在"苦难教训"中，终于明白了考狄利娅对他的挚爱真情。意味深长的是，葛罗斯特在被挖去双眼的"苦难教训"中，得以认识自我，审视正义，识辨邪恶良善，看清人间正道，最后含笑死去；李尔发疯以后，才认清一旦丢弃尊贵的君王身份，他只不过是像"可怜的汤姆"一样的"两脚动物"。

(5) 两种结局

《约伯记》最后，在约伯一连串的呼号下，上帝真的现身了，约伯不仅"亲眼看见了"上帝，还聆听了上帝发自肺腑的自我表白和谆谆教诲，他终于明白了上帝"事事都能"，"能实现一切计划"。约伯羞愧难当，"坐在尘土和炉灰中忏悔"。于是，称心如意的上帝赐福约伯，不仅将七子三女如数奉还，更将牲畜和财产加倍馈赠。约伯又活了140年，"亲眼看见了自己的四代子孙。这样，约伯长寿善终"。

既然是无所不知的上帝这位全能神，授权撒旦把灾祸降给约伯，假如撒旦是有意挑拨，上帝不可能不知。从上帝与约伯的对话中得知，他并没有"出卖"撒旦，跟约伯说我是听了撒旦如何如何说你我才不得不怎样诸如此类的话。而耐人寻味的是，在整部《圣经》中只有《约伯记》记下了上帝与撒旦的对话。

前边提及上帝"听信"了撒旦的"谗言"，这其实只是我们出于自身人本的想法，而非基督教世界或一个基督徒眼中神本的思路。因为在《圣经》中，上帝代表全然公义，他是一位拥有至高智慧、独行其事的神，他不需要任何建议，也不会听信任何谗言。

事实上，《约伯记》的作者是要明确告知世人，上帝与撒旦联手拿约伯"做试验"，是要试炼人对神（上帝）的敬畏虔敬可以达到什么程度。试炼的结果十分理想，约伯遭受了人类所能承受的极限苦难，他的敬畏之心也达到了人类虔敬上帝的顶峰。《约伯记》要告诉人们，好人会遭罪受苦，苦难不一定是惩罚，不要让苦难摧毁精神，不要陷入无边的抱怨，更不要在绝望中轻贱生命，而要学会在苦难中体会与感受上帝之爱，上帝终会眷顾人类。

换言之，说到上帝与撒旦联手，若从基督徒神本的思路去理解，《约伯记》首先显明的是上帝的主权，一如《约伯记》开篇所说"赏赐的是耶和华，/ 收取的也是耶和华，/ 耶和华的名是值得称颂的"。其次才是约伯所受的苦难。苦难并非完全源于罪过或邪恶，并非都是上帝的惩罚。苦难有时候是上帝许可发生用来砥砺我们的炼金石。这在《约伯记》中表现为上帝特许撒旦可以在一定范围内摧残约伯，每次上帝都会给撒旦划一条红线，即明确告诉他底线在哪里。因此，从表面来看，撒旦似乎是上帝的同谋，但实际上，撒旦是被上帝利用的。因为上帝可以叫一切坏事都有好的用处。上帝的目的不是苦难，而是荣耀。也就是说，上帝作为"全能者"，完全知道约伯的心。他是要借着苦难让约伯更深地认识神，像约伯说："我从前是风闻有你，/ 现在亲眼看见你。"即是明证。在故事的高潮部分，约伯问了上帝很多问题，上帝并没有直接回答，而是用了一连串的反问，他列举了很多例子，都是关于他的全能创造以及测不透的旨意。因而，当约伯思考上帝反问的这些问题时，才发现自己痛苦的缘由何在，即他原都是以人本来想问题（比如，我又没做错事，凭什么这样对我？），而后终于回到神本，即上帝有一切的主权，而且，上帝的创造和一切所做所称，都是美善公义。尽管约伯无法明白他的苦难为什么会发生，他也看不到撒旦与上帝在天庭如何对话，但他的信心却超越了质疑，超越了痛苦。他虔诚笃信上帝不会做错事，上帝一定有上帝的美意。当约伯明白这一点的时候，也就是上帝得荣耀的时候。上帝在撒旦面前再次赢了，因为约伯即便遭受如此痛苦，对上帝的信任依然不改初衷。这也就是上帝为什么一开始会允许撒旦去"试探"约伯的目的，因为上帝知道他一定会赢，同时，这件事也让约伯更深地认识自己、认识上帝。

这是《约伯记》特别引人深思的地方。

比起约伯绝对无辜的苦难，至少表面看，李尔的遭罪颇有十足咎由自取的味道；比起约伯终究搞清楚了神（上帝）是什么，李尔最后也弄明白了人意味着什么。这自然带来两种截然不同的结局，即比起约伯所获上帝慷慨无比的赐福馈赠，并得以"长寿善终"这一神的结局，李尔得到的只能是人的结局：莎士比亚，这位李尔的真正上帝，先是匠心独运地"安排李尔像约伯一样失去一切,然后让他在霹雳雷电的暴风雨中经受约伯式的苦难,最后重新获得考狄利娅的亲情挚爱,并同时获得作为人的自由、信心和尊严。

然而,莎士比亚没让李尔再活下去,他绝情地在父女重欢聚、人情理应大圆满的时刻,笔锋陡然一转,把考狄利娅和李尔写死了。李尔的结局实在是一场惨绝人寰的人性人情的大悲剧:怀里抱着他最疼爱的、如今已被绞死的考狄利娅,悲咽哭泣着气绝身亡。

约伯式的苦难,并不一定通往约伯式的圆满;李尔式的灵魂可能被救赎,却可能以考狄利娅式无辜者的牺牲为结局。如此跌宕震撼的戏剧性悲剧宿命,既是莎翁不同于那些"原型故事"的"原创",也是莎剧《李尔王》撼人心魄的地方。

八、《李尔王》：新旧"李尔"孰优孰劣？

斯特拉福德，莎士比亚故居中，莎士比亚生平创作展展柜中各式莎士比亚雕像

九

《麦克白》:"麦克白故事"与"三女巫"

1. 爱默生眼里的莎士比亚

1850年，美国散文家、诗人爱默生（Ralph Emerson, 1803—1882）出版了一本演讲集《代表人物》（*Representative Men*），共收七篇，第一篇讨论伟人在社会中担当的角色，其余六篇都是对他心目中具有美德的六位伟人的赞美，这六位伟人是：古希腊哲学家柏拉图（Plato，公元前427—公元前347）；瑞典科学家、哲学家、神秘主义者伊曼纽尔·斯韦登伯格（Emanuel Swedenborg, 1688—1772）；法国随笔作家、怀疑论者蒙田（Montaigne, 1533—1592）；英国诗人莎士比亚(William Shakespeare, 1564—1616)；法国世界伟人拿破仑（Napoleon Bonaparte, 1769—1821）；德国作家歌德（Goethe, 1749—1832）。

关于伊丽莎白一世女王时代整个的戏剧情形，以及莎士比亚如何写起戏来，大体如爱默生所言："莎士比亚的青年时代正值英国人需要戏剧消遣的时代。戏剧因其政治讽喻极易触犯宫廷而受到打压，势力渐长、后劲十足的清教徒和虔诚的英国国教信徒们，也要压制它。然而，人们需要它。客栈庭院，不带屋顶的房子，乡村集市的临时围场，都成了流浪艺人现成的剧院。人们喜欢由这种演出带来的新的快乐，……它既是民谣、史诗，又是报纸、政治会议、演讲、木偶剧和图书馆，国王、主教、清教徒，或许都能从中发现对自己的描述。由于各种原因，它成为全国的喜好，可又绝不引人注目，甚至当时并没有哪位大学者在英国史里提到它。然而，它也未因像面包一样便宜和微不足道而受忽视。"包括托马斯·基德（Thomas Kyd, 1558—1594）、马洛（Christopher Marlowe, 1564—1593）、本·琼森（Ben Jonson, 1572—1637）在内的一大批莎士比亚同时代，且名气并不在他之下的诗人、戏剧家,全都突然涌向这一领域,便是它富有生命力的最好明证。

那时的情形是(今天也未必不是),对于为舞台写作的诗人(今天的编剧大多已不是诗人),没有比通过舞台把握住观众的思想更重要的事,他不能浪费时间搞无谓的试验,因为早有一批观众等着看他们想看的,那时的观众和他们期待的东西非常之多。莎士比亚也不例外,当他刚从外省乡下的斯特拉福德小镇"漂"到帝都伦敦"创业"时,那儿的舞台早已经开始轮流上演大量不同年代、不同作家的剧本手稿。众口难调,有的观众对《特洛伊传奇》每周只想听一段,有的观众则对《恺撒大将之死》百听不厌,根据古希腊传记作家普鲁塔克(Plutarch,约46—约120)《希腊罗马名人传》改编的故事总能吸引住观众,而且观众对演绎从传说中的亚瑟王直到亨利王室的大量历史剧十分着迷,总之,就连伦敦的学徒都能对许多惨绝的悲剧、欢快的意大利传奇,以及惊险的西班牙航海记等耳熟能详。所有这些历史、传奇,上演之前都或多或少经过剧作家的改编、加工,等剧本手稿到了舞台提词人的手里,往往已是又脏又破。时至今日,早没人说得出谁是这些历史或者传奇剧的第一作者。长期以来,它们都属于剧院财产,不仅如此,许多后起之秀又会进行增删、修改,或二度编剧,时而插进一段话,植入一首歌,或干脆添加一整场戏,因而对这多人合作的剧本,任何人都无法提出版权要求。好在谁也不想提,因为谁都不想把版权归个人,毕竟读剧本的人少之又少,观众和听众则不计其数,而且剧作家的收入源于剧院演出的卖座率及股份分红。就这样,无数剧本躺在剧院里无人问津。

莎士比亚及其同行们,十分重视这些丢弃一旁、并可随拿随用的老剧本。如此众多现成的东西,自然有助于精力丰沛的年轻戏剧诗人们,在此之上进行大胆的艺术想象。

无疑,莎士比亚的受惠面十分广泛,他擅于、精于利用一切已有的素材、资料,从他编写历史剧《亨利六世》即可见一斑,在这上中下三部共计 6 043 诗行中,有 1 771 行出自他之前某位佚名作家之手,2 373 行是在前人基础上改写,只有 1 899 行属于货真价实的原创。

这一事实不过更证明了莎士比亚绝不是一个原创型的戏剧诗人,而是一个天才编剧。不光莎士比亚,生活在那一时代的戏剧诗人或编剧们,大都如此"创作",因为在那个时代,人们对原创作品的兴致不高,兴趣不大。换言之,为千百万人独创的文学,那时并不存在。在那个还没有文学修养的时代,无论光从什么地方射出,伟大的诗人就把它吸收进来。他的任务就是把每颗智慧的珍珠,把每一朵感情的鲜花带给人们,因此,他把记忆和创造看得同等重要。他漠不关心原料从何而来,因为无论它来自翻译作品,还是古老传说,是来自遥远的旅行,还是灵感,观众们都毫不挑剔、热烈欢迎。早期的英国诗人们,从被誉为"英国文学之父"的乔叟(Geoffrey Chaucer, 1343—1400)那里受惠良多,而乔叟也从别人那里吸收、借用了大量东西。

爱默生还提到一件颇值得玩味的事,在莎士比亚生活和创作的伊丽莎白一世女王时代,英才云集,诗人辈出,但他们却未能以自己的天才,发现世上那个最有才华之人——莎士比亚。在莎士比亚死后一个世纪,才有人猜测他是这个世界上最具才华的诗人,等又过了一个世纪,才出现能称得上够水准、够分量的对他的评论。"由于他(莎士比亚)是德国文学之父,此前不可能有人写莎士比亚历史。德国文学的迅速发展与莱辛(Gotthold Ephraim Lessing, 1729—1781)把莎士比亚介绍给德国,与维兰德(Christoph Wieland, 1733—1813)和施莱格尔(A.W.von Schlege, 1767—1845)把莎剧译成德文密切相关。进入 19 世纪,这个时代爱思考的精神很像活着的哈姆雷特,于是,哈姆雷特的悲剧开始拥有众多好奇的读者,文学和哲学开始莎士比亚化","他的思想达到了迄今我们无法超越的极限"。

  爱默生认为,莎士比亚有着令人匪夷所思的、出类拔萃的才智,"一个好的读者可以钻进柏拉图的头脑,并在他脑子里思考问题,但谁也无法进入莎士比亚的头脑。我们至今仍置身门外。就表达力和创造力而言,莎士比亚是独一无二的。他丰富的想象无人能及,他具有作家所能达到的最敏锐犀利、最精细入微的洞察力"。

2. 霍林菲尔德的《编年史》中的"麦克白故事"

对于这样一个有着出类拔萃的非凡才智,有着独一无二的表达力和创造力,想象力无人能及,洞察力又最犀利、最透彻的莎士比亚来说,"借鸡生蛋"不过小菜一碟。像《李尔王》一样,《麦克白》这枚悲剧之"蛋",也是从编年史作者拉斐尔·霍林斯赫德(Raphael Holinshed,?—1580)那部著名的《英格兰、苏格兰及爱尔兰编年史》(*The Chronicles of England, Scotland, and Ireland*),(以下简称《编年史》)之"鸡"身上"借"来的。

霍林斯赫德与人一起合编的这部《编年史》1577 年初版,十年后的 1587 年,增订再版。如果说,是其中英格兰史卷部分的"李尔故事"催生出了莎剧《李尔王》,那里面的"麦克白(Makbeth)故事"则直接孕育了莎剧《麦克白》。

这部《编年史》虽以两卷本出版,内容则分三卷,第一、第三卷记述诺曼人征服英格兰之前、之后的历史,第二卷描绘苏格兰和爱尔兰的历史,其中"苏格兰历史"的两处叙事,被莎士比亚顺手擒来巧妙地化入了他的《麦克白》中。

要说明的是,霍林斯赫德的"麦克白故事"源自苏格兰哲学家、史学家赫克托·波伊斯(Hector Boece, 1465—1536)所著的 1526 在巴黎出版的拉丁文史著《苏格兰人的历史》(*Historia Gentis Scotorum*)。该书先被译为法文,而后,苏格兰作家约翰·贝伦登(John Bellenden, 1533—1587)从拉丁文将其译成英文,书名改为《苏格兰编年史》(*Croniklis of Scotland*),这是用现代苏格兰英语所写、迄今为止留存下来的最古老的一部散文。同时,苏格兰诗人威廉·斯图尔特(William

Stewart, 1476—1548）将其译成诗体史书。这一"散"一"诗"体两部苏格兰史书，莎士比亚可能都看过。

事实上，在波伊斯的苏格兰史之前，还有两部更老的、在当时很有影响的苏格兰史，一部是苏格兰编年史家、福顿的约翰（John of Fordun, 约 1360—1384）于 1384 年出版的拉丁文《苏格兰编年史》（*Chronica Gentis Scotorum*），该书将 1040—1057 年间的苏格兰历史及传说加以综合，但其中有些内容纯属虚构；另一部是苏格兰诗人、温顿的安德鲁（Andrew of Wyntoun, 1350—1425）于 1424 年出版的诗体《苏格兰原始编年史》（*The Orygynale Cornykil of Scotland*）。福顿的约翰在其苏格兰史中写到了"麦克白故事"，麦克白梦到有三个预言未来的女人，这个梦叫他胡思乱想，并促使他谋杀了邓肯。而在安德鲁的苏格兰史里，并没有写到三个女人，即莎剧《麦克白》中的"三女巫"。

不过，一般来说，书写历史对于后世的史学家，至少在史料广博宏富的掌握上更占便宜。霍林斯赫德正是这样一个得以享有前人史料的受益者，他的《编年史》吸收了约翰、安德鲁、波伊斯这三位前辈史著中的相关内容，包括"麦克白故事"及其中的"三女巫"。

先说"三女巫"。莎士比亚写这决定了麦克白悲剧命运的"命运三姐妹"的灵感来源，除了霍林斯赫德 1577 年初版的《编年史》，可能还有第二年 1578 年出版的另一部拉丁文《苏格兰史》（*History of Scotland*），该书作者是苏格兰史学家、罗马天主教主教约翰·莱斯利（John Lesley, 1527—1596）。他关于苏格兰早期历史的书写，借鉴了赫克托·波伊斯（Hector Boece, 1465—1536）和约翰·梅杰（John Major, 1467—1550）的史书。约翰·梅杰是苏格兰著名哲学家，他的拉丁文《大不列颠史》（*History of Greater Britain*）于 1521 年在巴黎出版。

3. 国王访问牛津与"三女巫"

然而,真正激活莎士比亚的戏剧构思,使他决意要把"三女巫"搬上舞台,并让她们将麦克白引向地狱的,最直接、最有力的外因恐怕莫过于国王造访牛津。

1605年8月,詹姆斯一世、安妮王后携王位继承人威尔士亲王访问牛津。为表示对国王临幸的由衷谢忱,牛津大学特意委请马修·格温(Matthew Gwinne, 1558—1627)医师赶写了一部庆典短剧,并安排在圣约翰学院门前表演。

这一天,当国王一行来到学院门前,三位"林中女巫打扮"的女大学生开始表演,她们先以拉丁文开场,随后改说英语。剧情很简单:"三女巫"走到国王面前,宣称她们是当初向班柯预言其子孙将万世为王的那"命运三姐妹"的现世化身,又特来向国王预言,他及后人亦将万代为王,永享荣耀。随后,"三女巫"高举手臂,依次向国王致敬:

> 第一女巫　向您,苏格兰王致敬!
> 第二女巫　向您,英格兰王致敬!
> 第三女巫　向您,爱尔兰王致敬!
> 第一女巫　您拥有法兰西王的尊号,万岁!
> 第二女巫　分裂已久的不列颠统一了,万岁!
> 第三女巫　伟大的不列颠、爱尔兰、法兰西王,万岁!

当时,这个简短的演出脚本,还曾配以红绒装帧分赠随行而来的亲王贵胄,说不定后来有一本就落到了莎士比亚的手里。因为他的《麦克白》几乎原封不动地"再现"了这一情景,第一幕第三场,荒原中的三女

巫一见到麦克白,便冲口而出:

> 女巫甲　祝福,麦克白!向您致敬,格莱米斯伯爵!
> 女巫乙　祝福,麦克白!向您致敬,考德伯爵!
> 女巫丙　祝福,麦克白!向您致敬,未来的国王!

彼情此景,何其相似!

　　莎士比亚这样写"三女巫",应是有意讨好国王。理由有二:第一,莎士比亚很可能读过国王在当苏格兰国王时御笔写下的那部《恶魔学》,若此,他自然了解国王对巫术十分痴迷;第二,国王对自己是班柯的后人深信不疑,这一点并不是什么宫廷绝密,否则,莎士比亚也不会如前提到的那样,在第四幕第一场,让"三女巫"为麦克白精心上演一出"八代国王的哑剧",按舞台提示,"最后一位国王手持魔镜,班柯的幽灵紧随其后"。在哑剧中,班柯的后人、"八代国王"头戴王冠,逐一出现,第八代国王手里"拿着一面魔镜,镜子里有更多头戴王冠的人,其中有一个左手持两个金球,右手执三根权杖"。这是令麦克白"毛骨悚然的景象",他看明白了,"头发上沾满血污的班柯冲我微笑,向他的后世子孙表明,他们将世袭这金球和权杖所象征的王权"。但同时,这是令詹姆斯一世喜上眉梢的"景象",他也看明白了,他这位班柯的后人,以及他的后人,即魔镜中"更多头戴王冠的人",将永享王权。

　　由班柯,再说麦克白。

　　首先,可以肯定,莎士比亚并不是把苏格兰历史编入戏剧的第一人,还在霍林斯赫德《编年史》初版前的1567年,掌管宫廷娱乐的官员记录显示,曾为一部演绎苏格兰国王的悲剧制作过背景。

　　其次,在莎士比亚的"麦克白的悲剧"之前,已有人把有关苏格兰历史,尤其"麦克白故事",转化成了文艺作品,1596年8月27

日"伦敦书业公会"的记录簿上,已有《麦克多白之歌》(Ballad of Macdobeth)一项登记在册。不论这"歌"是不是"剧",至少实证说明,"麦克白故事"早已有之。

另外,比莎士比亚大四岁、与他同年去世的恩斯洛(Philip Henslowe,约1550—1616),是伊丽莎白一世女王时代的一位剧院承包人兼经理人,身后留下一本"日记",这可是文艺复兴时期,特别是1597—1609年这段时间伦敦戏剧界极有价值的第一手信息来源。里边记载,1602年,伦敦曾有一部关于苏格兰国王玛尔康的剧目上演。在1998年英美合拍的奥斯卡获奖影片、浪漫喜剧电影《恋爱中的莎士比亚》(Shakespeare in Love)中,还出现了恩斯洛这个角色。

必须一提的是,在苏格兰詹姆斯六世国王成为英王詹姆斯一世国王之后的第二年,即1604年,伦敦曾有过一部描写苏格兰高里伯爵(Earl of Gowrie)叛变的戏剧。这位高里伯爵的爵位,正是1581年由当时的苏格兰詹姆斯六世国王(也就是英王詹姆斯一世)晋封。三年之后的1584年,高里伯爵因叛国罪被处死,财产充公、爵位撤销。在莎剧《麦克白》中,有一位因参与谋反,以叛国罪被邓肯国王下令处死的考德伯爵(thane of Cawdor),其被撤销的"考德伯爵"尊号"为高贵的麦克白赢得"。这似乎又是莎士比亚为讨国王欢心的刻意之举,原因不外有二:第一,国王当然乐于看到被自己处死的高里伯爵,化身为反贼"考德伯爵"被莎士比亚写入《麦克白》;第二,"考德伯爵"这个贵族尊号注定就是叛国者的代名词,麦克白因战功显赫,得邓肯封赏,承袭了这一爵位,但在他谋杀邓肯的那一刻,他又成为了谋逆叛国的"考德伯爵",最终被麦克德夫砍下头颅。这个结局,自然也是国王乐于看到的。

对于莎士比亚来说,有了"三女巫"和"麦克白故事"这两大"原型",已足以支撑戏剧结构,剩下的唯一问题是:如何塑造麦克白。

九、《麦克白》:"麦克白故事"与"三女巫"

位于斯特拉福德亨利街的莎士比亚故居,1564年4月23日,莎士比亚在此出生

4. 从《苏格兰史》到《麦克白》

1582年出版的苏格兰史学家、人文学者乔治·布坎南（George Buchanan, 1506—1582）的拉丁文《苏格兰史》（*Rerum Scoticarum Historia*），对莎士比亚的《麦克白》产生了直接触动。布坎南的这部苏格兰史，在波伊斯的早期苏格兰传奇历史的基础上，有了很大拓展，比如写到麦克白时，布坎南认为，他是"具有天赋洞察力，……却又野心勃勃的一个人"。显然，这就是莎士比亚想要的麦克白！

为让这样一个麦克白在舞台上产生强烈的吸引力、冲击力、震撼力，莎士比亚必须对霍林斯赫德《编年史》里"麦克白故事"做移植手术。他这样做，也许并不是考虑要让这个人物具有永久的艺术生命力。不过，莎士比亚的确把霍林斯赫德《编年史》里"苏格兰历史"部分，叙述国王达夫（King Duff）的"统治与被谋杀"、麦克白的"崛起和统治"这两个"故事"，进行了恰到好处的移花接木。

在第一个故事里，贵族邓沃德（Donwald）一向对达夫国王（King Duff）忠心耿耿、也深受国王信任，却受到妻子唆使，要他去谋杀国王，"并向他详述如何在最短时间内杀掉国王"。邓沃德"被妻子的话燃起怒火"，秘密杀死国王，把尸体偷运出城堡，埋在某处河床下。然而，正当这个《编年史》故事里的邓肯（Duncan）怀揣入侵美梦却"谈判失利"之际，丹麦士兵因喝了掺药的酒，整支军队"很快酩酊大醉，酣睡不醒"。

极为相似的是，在莎剧《麦克白》中，麦克白夫人一边怂恿"深得宠信"的丈夫行刺邓肯（Duncan）国王，一边承诺保证把贴身守卫国王的两个"寝宫侍卫"灌醉，醉得"像海绵泡在酒里一样"。［1.7］

霍林斯赫德在此强调了三点：达夫信任邓沃德；国王与女巫纠葛

不断；阴郁黑暗、怪事频出（诸如马之间嗜食同类，以及发生在鸟类之间怪异的不平等残忍竞争）一直困扰着苏格兰，直到达夫国王的尸体被发现，安葬之后，这一切才告结束。在莎剧《麦克白》第二幕第四场，邓肯被杀后，罗斯和老人有段对话，罗斯说邓肯那几匹"体形俊美，奔跑如飞"的"宝马良驹"变得"十分怪异"，"突然野性大发，撞破马厩，冲了出来，四蹄乱蹬，难以驯服，好像要向人类挑战"。老人回应，"据说还互相撕咬"。写出此等怪异情景的灵感，八成又是莎士比亚"借来的"。

第二个故事，在霍林斯赫德的笔下，是野心勃勃的麦克白夫人影响了麦克白的生涯：妻子"极力撺掇他"弑君，"只因她自己野心膨胀，想当王后的欲望之火，一旦点燃，便无法熄灭"。按霍林斯赫德的描述，班柯是个十足的同谋。不过，没过几个章节，他就被杀了，因为麦克白怕他"会像自己背叛国王那样，也把自己给杀了"。

与莎剧《麦克白》不同的是，霍林斯赫德在《编年史》里，丝毫没有提及班柯的幽灵打断皇家盛宴，也只字未提麦克白夫人的梦游，他只把麦克白在位十余年，是一位治国有方的好的统治者，对男女巫师信任有加，玛尔康"考验"麦克德夫，伯南姆森林移到邓斯纳恩等等，做了详尽描述。他还写了许多其他的事情，包括写到被化入莎剧《麦克白》的一些短语。霍林斯赫德甚至一度打乱叙事，呈现出一份详实的血统宗谱，包括"谱系上最早的那些国王，从中得知他们的后代传人……比如班柯的后人"，这份宗谱最后以苏格兰国王詹姆斯六世结束。无疑，它使莎士比亚创意构思《麦克白》第四幕第一场的"八代国王的哑剧表演"，来得更加轻而易举。

在国王宗谱中位列达夫和邓肯之间的统治者是肯尼斯（Kenneth），他虽是一位好国王，却还是为让亲生儿子继位，秘密毒死了达夫的儿子。然而，良知"刺痛"着肯尼斯的心灵，此处，霍林斯赫德这样写道："那传闻真的发生了,每当夜幕降临,他刚一在床上躺下,就有个声音对他说,……'想想吧肯尼斯,你邪恶地谋杀了玛尔康·达夫,要是这事儿被永恒而全能的上帝知道,你是害死无辜者的主谋……就算你眼下秘而不宣,也无济于事……'这个声音使国王毛骨悚然,再也无法安然入眠。"

稍微比较一下不难发现,莎剧《麦克白》第二幕第二场,麦克白谋杀邓肯之后,立即被"敲门声"的幻听错觉吓得惊恐不安,他听到"整个屋子都是那声音","一有声音就吓得够呛"。在这样的细微处,那个饱受心灵折磨的肯尼斯国王,为莎士比亚的麦克白提供了绝佳素材。

前曾提到1582年乔治·布坎南出版的一部《苏格兰史》,就在这一年,还有另外一本与之同名的《苏格兰史》(*Rerum Scoticarum Historia*)出版,作者是只比莎士比亚小两岁的戏剧同行、演员爱德华·阿莱恩(Edward Alleyn, 1566—1626)。阿莱恩在书中对肯尼斯国王的心灵痛苦,做了更为详细的描述。按理,莎士比亚在写《麦克白》之前,应该读过此书。

莎剧《麦克白》第五幕第七场,写到小西华德出战麦克白被杀,及父亲老西华德听到儿子死讯时的反应,源于这样两处已知的史料:一是霍林斯赫德《编年史》卷一结尾,写诺曼人入侵之前的那段历史;二是1605年出版的古文物收藏家、史学家、地志学者威廉·卡姆登(William Camden, 1551—1623)所著历史文集《不列颠遗事》(*Remains Concerning Britain*)。

单从时间上推算,此时(1605年)的莎士比亚,即便还没动笔开写《麦克白》,应也差不多想好该从哪些史料源头(或"原型故事")借鉴什么,如何改写,他应该把麦克白之死都设计好了。没错,霍林斯赫德笔下"麦克白故事"的结尾,连莎士比亚麦克白之死的"原型"都预备好了:"麦克德夫(Makduffe)骑着马,拦住麦克白的去路,手持利剑,说:

九、《麦克白》:"麦克白故事"与"三女巫"

'麦克白,结束你那永无尽头的残忍的时刻到了,因为我就是巫师对你说的那个人,我不是我妈生的,我是从娘胎里剖出来的。'话音未落,打马向前,斜肩砍下麦克白的人头,挑在杆子上,来到玛尔康面前。这就是麦克白的下场,他对苏格兰17年的统治从此结束。"

假如莎剧《麦克白》里的麦克白也像这样,一言不发就被砍了头,那他绝不属于莎士比亚。毕竟他在成为暴君之前,是一位驰骋疆场、披坚执锐、骁勇善战的将军,死也要死得惨烈:"我不投降;我不能在小玛尔康的脚下屈服,任由那帮乌合之众随意诅咒唾骂。尽管伯南姆森林已经移到邓斯纳恩,尽管你这非要跟我交手的东西,偏又不是女人生的,我也要决一死战。……猛攻吧,麦克德夫,谁先喊'够了,住手',谁受诅咒下地狱!"

对,这才是莎剧中的麦克白!

既然命运诅咒他活该死在"不是女人生的"麦克德夫手里,他还是要拼死一战。这也是他在第三幕第一场对命运抛下的赌注:"还不如索性与命运拼杀,一决生死!"

这何尝不是人类悲剧的实质:明知抗不过命运,却非要与命运相抗。

如果说,以上这些苏格兰历史中的"原型故事",为莎剧《麦克白》提供了丰厚的琼浆滋养,那古罗马著名斯多葛学派哲学家、政治家、悲剧家卢修斯·塞内加(Lucius Seneca,公元前4—公元65年)的"流血悲剧",则为莎氏悲剧提供了必不可少的几大元素,这几大元素莎士比亚在《麦克白》之前的"三大悲剧"(《哈姆雷特》《奥赛罗》《李尔王》)中已屡试不爽。诚然,这样的悲剧元素自古希腊悲剧直到今天,似乎从不曾变过。以塞内加为例,他常用屠杀、恐怖、出卖、复仇的场景凸显主题,常用幽灵和巫术增强悲剧氛围,他的人物也常陷入内心撕裂的极度痛楚,这些元素《麦克白》样样俱全。甚至有莎学家指出,连莎剧《麦克白》的有些细节,像"满手的血污"、睡眠是"抚慰繁重劳苦的沐浴,是疗救受伤心灵的药膏"等,都可能是模仿了塞内加的悲剧《阿伽门农》(*Agamemnon*)和《疯狂的赫拉克勒斯》(*The Madness of Hercules*)中的某些段落。

参考文献

1. 《莎士比亚全集》，Jonathan Bate & Eric Rasmussen 编，外语教学与研究出版社 2008 年版。

2. *The New Cambridge Shakespeare*, Cambridge University Press, Updated edition 2003.

3. *The Complete Works of Shakespeare*, edited by David Bevington, The University of Chicago. —Seventh edition. 2014.

4. *The Complete Works of William Shakespeare*, The Edition of The Shakespeare Head Press Oxford, Barnes & Noble, Inc. New York. 1994.

5. 《莎士比亚全集》，朱生豪译，人民文学出版社 1988 年版。

6. 《莎士比亚全集》，梁实秋译，中国广播电视出版社 2002 年版。

7. *The Arden Shakespeare Complete Works*, Revised Edition ,Edited by Richard Proudfoot, Ann Thompson and David Scott Kastan. 2011.

8. 《莎士比亚全集》，上海世界图书出版公司 2010 年版。

9. *The Oxford Companion to Shakespeare*, Edited by Michael Dobson & Stanley Wells, Oxford University Press, 2011.

10. *The World & Art of Shakespeare*, A. A. Mendilow & Alice Shalvi, Israel Universities Press, Jerusalem, 1967.

11. *Shakespeare's Words*, David Crystal & Ben Crystal, Penguin Books, UK, 2004.

12. *The Age of Shakespeare*, Frank Kermode, Phoenix, 2005.

13. *How Shakespeare Changed Everything*, by Stephen Marche, Harper Collins Publishers.2011.

14. *How to Teach Your Children Shakespeare*, Ken Ludwig, Crown Publishers, New York. 2013.

15.《英汉双解莎士比亚大词典》，刘炳善编纂，河南人民出版社 2002 年版。

16.《莎士比亚大辞典》，张泗洋主编，北京商务印书馆 2001 年版。

17.《莎士比亚与圣经》，梁工主编，北京商务印书馆 2006 年版。

18.《莎士比亚评论汇编》（上下），中国社会科学院外国文学研究所外国文学研究资料丛刊编辑委员会编，中国社会科学出版社 1981 年版。

19.《莎士比亚戏剧辞典》，罗马尼亚布加勒斯特戏剧影视大学科尔奈留·杜米丘教授主编，宫宝荣等译，上海书店出版社 2011 年版。

20.《俗世威尔——莎士比亚新传》，［美］Stephen Greenblatt 著，辜正坤、邵雪萍、刘昊合译，北京大学出版社 2007 年版。

21.《莎士比亚与书》，［美］David Scott Kastan 著，郝田虎、冯伟合译，北京商务印书馆 2012 年版。

22.《基督教会史》，［美］Williston Walker 著，孙善玲、段琦、朱代强合译，中国社会科学出版社 1991 年版。

23.《圣经的来源》，［英］菲利普·康福特编，李洪昌译，孙毅校，上海人民出版社 2011 年版。

24.《莎士比亚的政治》，［美］阿兰·布鲁姆、哈瑞·雅法著，潘望译，江苏人民出版社 2009 年版。

25.《莎士比亚笔下的爱与友谊》，［美］阿兰·布鲁姆著，马涛红译，华夏出版社 2012 年版。

26.《莎士比亚的政治盛典》，［美］阿鲁里斯、苏利文编，华夏出版社 2011 年版。

27.《金枝》，［英］J.G. 弗雷泽著，汪培基、徐育新、张泽石译，汪培基校，北京商务印书馆 2013 年版。

28.《伟大的代码——圣经与文学》，［加］诺斯洛普·弗莱著，郝振益、范振帼、何成洲译，北京大学出版社 1998 年版。

29.《莎士比亚研究论文集》，贺祥麟等著，陕西人民出版社 1982 年版。

30.《莎士比亚在威尼斯》，［意］沙乌尔·巴锡、阿尔贝托·托索·费著，王一禾译，人民出版社 2014 年版。

31. *The Holy Bible*, In The King James Version, Thomas Nelson, Inc. New York. 1984.

32. *Good News Bible*, United Bible Societies, London, 1978.

33. *Holy Bible*, New International Version, Zondervan Bible Publishers, Michigan. 1984.

34. *The Jerusalem Bible*, Doubleday & Company, Inc. Garden City, New York, 1968.

35.《圣经》，中国基督徒三自爱国运动委员会、中国基督教协会 2002 年发行。

36.《牧灵圣经——天主教圣经新旧约全译本》，西班牙圣保禄国际出版公司 2007 年版。

37.《圣经》（现代中文译本），香港圣经公会 1985 年。

38.《圣经·新约全书》，中国天主教主教团教务委员会 2008 年。

莎士比亚致中国北京文青的一封信（代后记）

朋友：您好！

您绝想不到，这是一封453岁英国老头儿的来信。

是呀，我也没想到，老莎我在家乡出生时受洗的斯特拉福德圣三一教堂[1]，已安睡401年，才过忌日[2]没几天，灵魂就不消停了，非得给您写这么一封穿越时空的信，闲聊几句。

不管您属于北京土著，还是"北漂"一族，都算缘分吧。说实话，想当年我从乡下跟着剧团跑到帝都伦敦，开始写戏谋生，你们现在叫搞文创，不也属于"北漂"吗？

我成年以后，不时有伦敦的剧团来我家乡巡演，耳濡目染，我便对演戏、写戏有了兴趣。23岁时，心血来潮，给一个剧团当临时演员，并随它一起来到帝都。人这辈子，有许多事匪夷所思。再有，实不相瞒，我老婆比我大八岁，先后生了三个孩子。您想，若成天窝在家里油盐酱醋的过日子，多烦！不如出去闯荡一番。

我到帝都第二年（1588年），女王的海军打败了西班牙无敌舰队。我亲眼见证了整个伦敦的沸腾，国人陷入爱国的狂热之中，并开始关注自家历史，正好为我写历史剧提供了契机。

我经历过伊丽莎白女王和詹姆斯一世国王两个朝代，两位国王对我都挺好。当然，为能顺顺当当地写戏、挣钱，吃得香，睡得踏实，我很会讨好国王。

---

[1]. 莎士比亚去世后葬在家乡斯特拉福德圣三一教堂。
[2]. 莎士比亚生于1564年4月23日，死于1616年4月23日。

比如，女王观看《亨利四世》，被剧中的福斯塔夫逗得开心不已，凤颜大悦，演出一结束，便命我三个礼拜之内写一部福斯塔夫谈情说爱的新戏。这便是五幕喜剧《温莎的快乐夫人们》。哦，对了，听说您那儿将该剧译为《温莎的风流娘儿们》，可无论"风流"，还是"娘儿们"，都不仅不忠于原文，且极易令人产生歧义的联想。

再如，为让詹姆斯一世开心，写《麦克白》时，我特意把他说成班柯的后人，并将万世为王。不提也罢！

我在喜剧里写了不少阴差阳错的爱情，是觉得真爱之路永不平坦，祝福有情人终成眷属；我在悲剧里写复仇、写流血，是希望国与国、人与人之间别再发生战争、重演悲剧，祝福世间和平安宁。用心良苦啊！

最后啰嗦一句，我写戏只是为让剧团尽快上演，并不是写给读者的。从没想过我的戏日后会成为文学经典，更没想过不朽。我没留下一份手稿，我活着时出版的一些剧本没一部经我过目，有的版本十分糟糕，这给后世研究我的人添了麻烦。

感谢19世纪的德国人将我的戏奉为经典，感谢我的同胞把我定为"国家诗人"。自我感觉超好！话一多就累，就此打住，接着安睡。

上帝保佑，祝福一切！

您诚挚的莎士比亚

2017年4月29日

于斯特拉福德圣三一教堂地下

这封信是我应"凤凰文化"之邀,以戏仿莎士比亚说中文的口吻所写。

莎士比亚不会说中文,这口吻从何而来?源自新译莎剧的中文。我是北京人,这封信便自然带上了京腔儿。

从1921年田汉翻译的《哈孟雷特》在《少年中国》杂志第2卷第12期发表,至今已近百年,在此期间,每一位译莎的国人不都是在替莎士比亚说中文吗?也因此,每一位替他说的中文,无疑体现出不同译者各自的性情、文调,即朱译有"朱风",梁译有"梁调"。

一个时代应有一个时代的莎翁译本,简言之,这便是我新译莎剧的初衷。

由新译进入研究,我眼前越发清晰显现出莎翁如何写戏这样一幅图景。他的写戏生涯不算长,大体从1590年始,1610年终,整二十载。以三十七部戏和一部十四行诗集来算,平均半年,甚或精力旺盛时不到半年写一部戏。

我在这封"戏仿信"里交代得很清楚,莎翁写戏的初衷很简单,只想赶紧为剧团编剧,并尽快上演;只有写得又快又好,剧团和自己才能挣大钱。可见,莎翁是被后人尊奉到文学经典的庙堂之上的,遥想当初,在他那个时代,他不过是一个烟火气十足的剧作家。而且,他的戏,尤其早中期的戏,大都是写给下九流看的。

莎翁为什么能写这么快呢?简单说,是他擅于、精于利用一切已有的素材、资料,从他编写历史剧《亨利六世》即可见一斑,在这上中下三部共计6 043诗行中,有1 771行出自他之前某位佚名作家之手,2 373行是在前人基础上改写,只有1 899行属于原创。原创刚接近三分之一。

这个事实更能证明,莎翁并非一个原创性的戏剧诗人,而是一个天才编剧。但不得不承认,且必须表达由衷钦佩的是,他是一位世所罕见的顺手擒"借"的奇才，干脆说，他简直是一个既擅、又能，还特别会由"借"而编出"原创剧"的天才。中国读者所熟知的《罗密欧与朱丽叶》、"四大悲剧"（《哈姆雷特》《奥赛罗》《李尔王》《麦克白》）、"四大喜剧"（《仲夏夜之梦》《威尼斯商人》《皆大欢喜》《第十二夜》），都是他从别处"借来的"。

书中所收九篇文章，写的正是这九部戏所来自的"原型故事"。从中不难看出，不论什么样的"人物原型"与"故事原型"，只要经莎翁的艺术巧手灵妙一"借"，便笔补神功，结果，几乎无一不是一个又一个的"原型"销声匿迹无处可寻，莎剧人物却神奇一"借"化不朽。

最后，感谢郑纳新兄的邀约，使这九篇莎剧的"原型故事"独立成书。特别感谢西南大学新诗研究所所长熊辉教授，专为此书写序。

2018 年 1 月 5 日